图书在版编目（CIP）数据

移动互联网营销实战宝典 / 柏从新著. -- 北京 : 人民邮电出版社, 2016.8
ISBN 978-7-115-43121-9

Ⅰ. ①移… Ⅱ. ①柏… Ⅲ. ①网络营销 Ⅳ. ①F713.36

中国版本图书馆CIP数据核字(2016)第164586号

内 容 提 要

移动互联网和智能终端占据了消费者的视线和时间，传统的营销阵地也从传统互联网转向了移动互联网，营销方法与策略也随之发生了重大变化。本书从移动营销的策略、思维、模式以及工具方法四个层面提供了全面的移动营销方法。无论是互联网巨头平台（BAT）上的营销，还是APP营销、软文营销、O2O营销、社群营销，本书都以最翔实、可落地、能实操的方法，手把手教读者学习移动互联网营销，并通过详细的案例分析引导读者进行实战训练。

本书适合于移动电商从业者、微商从业者、移动互联网创业者、传统企业营销人员等，是一本全面、落地、实操，实战性极强的移动营销宝典！

◆ 著　柏从新
责任编辑　李士振
责任印制　周昇亮

◆ 人民邮电出版社出版发行　北京市丰台区成寿寺路 11 号
邮编　100164　电子邮件　315@ptpress.com.cn
网址　http://www.ptpress.com.cn
大厂聚鑫印刷有限责任公司印刷

◆ 开本：720×960　1/16
印张：21　2016 年 8 月第 1 版
字数：386 千字　2016 年 8 月河北第 1 次印刷

定价：59.80 元

读者服务热线：(010)81055296　印装质量热线：(010)81055316
反盗版热线：(010)81055315
广告经营许可证：京东工商广字第 8052 号

移动互联网

营销实战宝典

柏从新◎著

人民邮电出版社
北京

前言

现在，请你静下心思，回想你最近一次的“大型”消费，当你决定购买一台平板电脑、一部单反相机，或是决定购买几件换季衣服、一套化妆品时，你是如何在众多商品中做出选择的？

如果你和我一样，你一定在微博、微信上咨询了“大V”和好友，掌握了必要的选购知识后，做出你的初选列表；你一定辗转在众多电商APP间，寻找最优质、最优惠的产品；你一定在收到产品的第一时间，进入社交圈“晒单”……

“时代变了”，这是很多人的口头禅，尤其是对于互联网人士而言。在互联网时代下，电商时代、社交时代、数据时代、互联网金融时代、移动互联网时代……众多时代概念纷至沓来，无数的名词、无尽的概念，迷了太多的人眼。

对此，作为营销人无疑是最为迷惑、茫然的群体。

早已习惯大众媒体下的传播思维的你们，好不容易开始转变思维，进入互联网时代，进入社交时代，进入移动互联网时代……但层出不穷的概念，让太多人渐渐失去方向。很多人也因此成为概念的追逐者，成为制造噱头的佼佼者，“吸睛”无数，却难以获得实在的效益。

其实，在如此众多的概念名词中，你要抓住的关键只有一点——移动营销。

随着移动智能终端和4G、WiFi网络的普及，作为移动互联网时代的重要工具，智能手机已经覆盖了全国大部分人群；随着APP的极大丰富和完善，人们的生活和工作需要，几乎都能依靠手机获得满足。

2015年，中国手机网民规模已达6.79亿人，其中40%的手机用户日均使用时长超过4小时；中国移动互联网市场消费规模更是突破2.3万亿元。移动生活的丰富，移动消费的崛起，为营销带来了无尽的便利，也推动着营销思维的转变。

在这个满街都是"低头族"的年代，营销也必须与移动互联网结合在一起。只有融入到移动互联网中，你才能真正面向手机后面的一个个用户。而在"互联网+"的国家战略中，也只有移动互联网，能够真正做到连接一切。

依靠各种便携的移动智能终端，所有人、所有场景、所有物品，都能够被连接到一起。在这种连接中，也必然会产生极大的营销力量，并碰撞出无数独具创意的火花。

如今的营销人士，最迫切需要掌握的营销思维是什么？答案既非社交营销，也非数据营销，而是移动营销。只有在移动营销的思维下，你才能抓住移动互联网时代的契机，迎接这个巨大市场带来的全新挑战。

正如营销的成败在于实在的效益，本书也立足于营销实战，结合移动营销热点，从策略及思维、模式及工具的角度，引入大量案例，为读者全面、详细地解读移动营销，并给出极具实操性的营销方案。

希望本书能够帮助各位营销人，在移动互联网的蓬勃发展中，在瞬息万变的市场和激烈复杂的竞争中，找到属于自己的营销道路，成为"新时代"的成功"掘金者"！

目录

第1章 移动消费崛起，营销战场改变

第2章 移动营销的策略选择

第3章 移动营销的思维打造

第4章 移动营销的六种模式

第5章 移动营销之微信营销

第6章 移动营销之QQ营销

第8章 移动营销之微博营销

第9章 移动营销之论坛营销

第10章 移动营销之APP营销

第 11 章 移动营销之软文营销

第13章 移动营销之O2O营销

第 14 章 移动营销之移动支付营销

第 15 章 移动营销之社交电商营销

第16章 其他移动营销及案例

第 1 章

移动消费崛起，营销战场改变

1.1
移动终端呈爆发式增长，流量入口改变

大哥大、BP机……摩托罗拉、诺基亚……苹果、三星……如今，手机早已不再是高高在上的奢侈品，也不再只是一部简单的通讯工具。自从苹果以智能手机结束诺基亚的“统治”之后，智能手机、平板电脑的相继普及，使得娱乐、生活、工作都逐渐移动化。

伴随着移动终端的爆发式增长，互联网时代最重要的流量入口也开始改变。

根据艾媒咨询数据显示，2015年，中国手机网民规模已达6.79亿人，其中40%的手机用户日均使用时长超过4小时。与此同时，中国的网民总规模则为6.88亿人，手机网民占比达到98.69%！

事实上，早在2013年11月20日，《智能手机APP广告营销价值》报告显示，71%的用户使用智能手机每天上网4次以上，高于PC电脑使用率。移动互联网在多个方面已经超越PC互联网，如图1-1所示。

而如今，这一对比则更加明显。为何移动终端能够如此迅速完成逆袭？

1. 国民经济与居民收入持续增长

在2010年到2015年的六年间，中国国内生产总值一直保持较高水平，城乡居民可支配收入也在不断上涨，这是移动终端爆发式增长的市场基础。由于移动信息技术的大踏步发展，移动终端基本保持着“一年一换代”的频率。

如果消费者没有足够的收入作为支撑，他们自然也无法跟上时代的步伐；正是因为消费者的收入稳定增长，他们才愿意购买最新潮的移动终端。

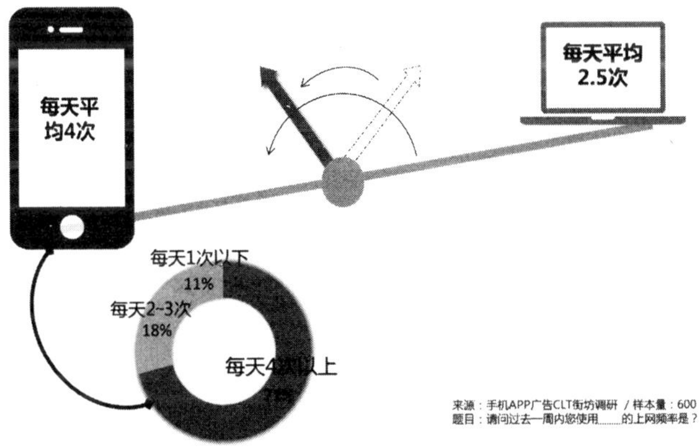

图 1-1　移动互联网在多个方面已经超越 PC 互联网

2. 国家相关政策法规逐步完善

早在 2011 年，移动互联网、LTE 、物联网、云计算、移动支付等移动信息技术，就已经被列入“十二五”发展重点。

2014 年，政府密集出台了移动互联网的相关政策，并对移动终端硬件进行规范化管理，制定了关于移动互联网安全问题的管理规范。

2014 年年底，MMA 无线营销联盟发布中国区《移动视频广告投放标准协议》，这也成为国内首个规范移动视频广告投放的指导纲领。

2015 年 7 月 4 日，国务院发布关于积极推进“互联网 +”行动的指导意见。

2015 年 9 月，新《广告法》正式施行，这也是《广告法》实施 20 年来的首次修订。

2015 年 9 月 5 日，国务院印发促进大数据发展行动纲要。

……

在一系列政策法规的出台与完善中，在庞大的市场需求下，中国移动互联网市场也得以健康成长。

3. 高新技术、智能终端不断普及

互联网时代的瞬息万变总是让人措手不及，各种高新技术的不断出现，使得移动终端的功能日益丰富。如今，移动智能终端的使用体验已经不逊色于PC，甚至于，依托自身的便携性和随身性，移动智能终端能够为用户提供更加优质的服务。

与此同时，伴随着4G网络和WiFi网络的普及，网速越来越快，也让移动终端用户的良好体验得到保证。Trustdata《2015年中国移动互联网行业发展分析报告》数据统计显示，2015年，WiFi接入占比68.1%，4G网络占比则猛涨近3倍，达到15%。

4. 移动应用日益丰富

庞大的移动用户市场，日新月异的信息技术，使众多企业开始挖掘移动互联网市场这块大蛋糕。伴随着互联网大佬的相继入场，加之各种创意APP的不断诞生，如今，虽然在移动应用“TOP20”榜单中，大多被腾讯、阿里巴巴、百度、360所霸占，但在“TOP21~40”榜单上，则呈现出百花齐放的态势。美图秀秀、今日头条、唱吧等各路抢手，让用户的各种使用需求都得到尽可能的满足。

根据艾媒咨询发布的2016年3月APP活跃排行榜显示，前50名APP（部分）分布如图1-2所示。

当移动终端成为人们认识世界、分享状态的重要工具，互联网的流量入口随之转变，互联网企业大战也从PC转移到用户的手机上。移动搜索、助手类、社交类、生活服务类等各类APP引发了一场场万众瞩目的战争，而在一次次的“烧钱大战”中，想要瓜分移动互联网蛋糕的你，该如何利用这个全新的重磅流量入口呢？

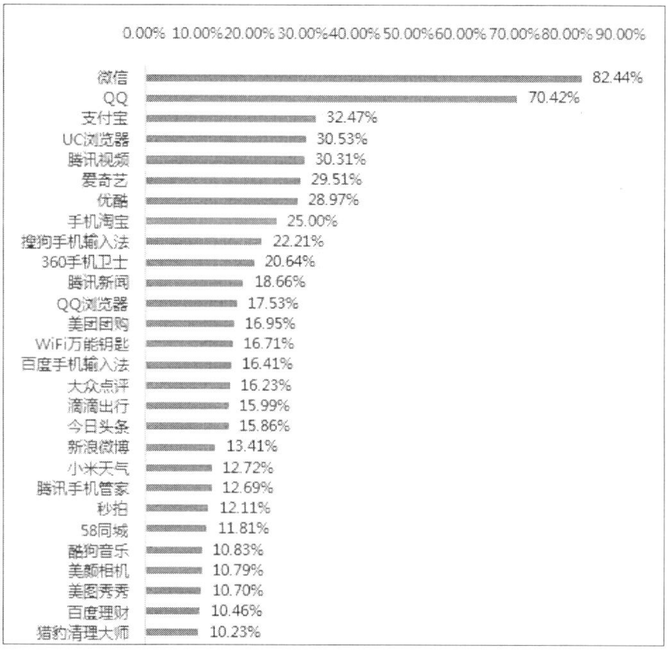

图 1-2　2016 年 3 月 APP 活跃排行榜（部分）

1.2 移动消费崛起，营销模式需改变

互联网时代的到来，离不开电子商务的蓬勃发展。正是基于这种互联网中的商业模式，企业才能够找到无数的流量变现方法。而当流量入口改变，移动

终端崛起时，移动消费自然也随之崛起。

长久以来，手机都只是一种通信工具，之后逐渐具备娱乐功能。而智能手机却让手机具备了更丰富的内涵，小小的手机也开始能够做起大的生意。

早在 2013 年，国内互联网巨头就纷纷布局移动消费市场，支付宝、淘宝、京东等一系列老牌电商平台逐渐移动化。与此同时，腾讯则凭借微信支付进入支付市场，BAT 三巨头纷纷逐利于生活服务市场，从美团、糯米、大众点评，到美团外卖、百度外卖、饿了么，再到快的、滴滴、Uber……“三国争霸”的战火几乎烧遍整个移动市场，而在激烈的纷争中，聚美优品、唯品会、楚楚街等电商 APP，也试图分一杯羹。

1.2.1 移动消费市场崛起

1. 电商巨头的移动转型

“双十一”如今已经成为当之无愧的“网购节”，而天猫则是这一节日当之无愧的领军者。近几年间，阿里巴巴的移动转型也让其“双十一”战绩再攀高峰。2013 年，天猫“双十一”总成交额 350 亿元，移动端成交额 84.105 亿元，占比 24.03%；2014 年，天猫“双十一”总成交额 571 亿元，移动端成交额 243.246 亿元，占比猛增至 42.6%；2015 年，天猫“双十一”成交额 912 亿元，移动端成交额 620.16 亿元，占比高达 68%，这一比例当天甚至一度超过 90%，如图 1-3 所示。

2. 电商企业的移动逆袭

在阿里巴巴、京东的“统治”下，楚楚街似乎只是一家普通的服饰电商品牌，附着于淘宝平台。但在刚刚过去的 2015 年，楚楚街却以更大的决心投入到移动消费市场。这一年，楚楚街正式切断与淘宝的导购关系，全面转型做独立电商；同时，楚楚街全面停止 PC 端交易，全心专注于移动消费。如此大胆的转型，为楚楚街带来了真正的逆袭：如今，楚楚街的安装量已经过亿，用户规模突破 1.5 亿，其用户活跃度仅次于淘宝、京东、天猫和唯品会。

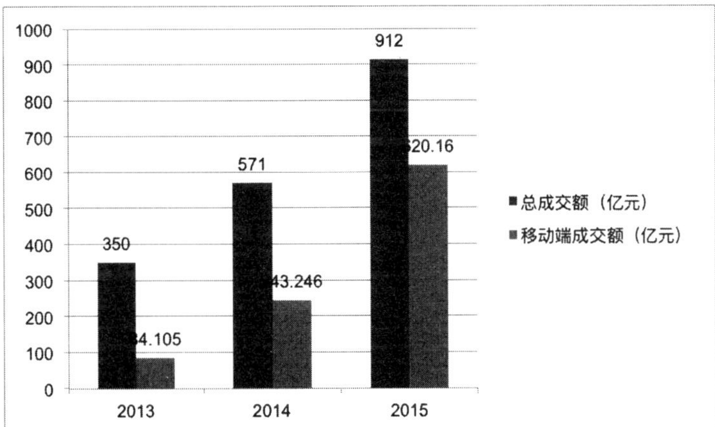

图 1-3　天猫“双十一”销售额统计

1.2.2　移动消费环境变化

移动消费市场正在崛起，也让消费市场的需求环境发生改变。

1. 随时随地的消费体验

移动终端的便携性，也使得移动消费可以真正实现随时随地。借助智能手机，用户可能在地铁上，在睡床上，上厕所时，午休时，就完成一次消费；而移动支付的普及，则让移动消费可以与各种场景相融合。

根据西南财经大学中国家庭金融调查与研究中心的调查结果，“90 后”群体的消费率达到 88%，远高于“80 后”的 74% 和全社会平均 77% 的消费率水平。而伴随着多达 1.7 亿人的“90”后逐渐进入社会，他们的消费时间也因此受到局限。此时，随时随地的移动消费，自然成为新一代消费主体的首选。

2. 更加强烈的消费欲望

有研究表明，用户在使用智能手机进行网页搜索时，提供的关键词长度是PC的两倍。这样的结果，其实是因为和PC端搜索相比，移动终端的搜索体验相对较差。因此，用户在使用移动终端时，为了获取更为准确的信息，其思维也更加关注。

与此同时，消费者在使用移动消费时，其购物的心情通常都十分迫切，因为长时间的搜索对比，需要耗费用户更多的精力。而移动电商的便捷性又是PC端所无法媲美的，因此，在得到搜索结果之后，高达88%的用户会在24小时之内下单购买。

基于移动消费市场呈现出的全新特征，在迅速崛起的移动消费市场中，你如果还想依靠互联网时代的老办法获得成功，那无疑是痴人说梦。面对消费者需求的转变，你也需要改变自己的营销思维，不断向移动互联网时代靠拢，才能真正站在移动互联网时代的风口上。

1.3 移动互联网带来新的营销思维

移动终端与4G、WiFi网络的普及，也带来了新的营销思维。

据统计，从数字设备的持有率来看，智能手机持有率已经达到86%，而笔记本电脑拥有率则以75%的持有率，屈居第二；在调研中，58%的用户每天查看手机达到11～50次，平均每小时查看1～2次，而有20%的用户每天查看手机超过50次，每小时查看次数大于3次。

因此，移动营销也成为营销界的新主题，经过近几年的发展和研究，移动营销的面貌也更加具体。

1.3.1 移动营销体系以消费者为核心

面对蓬勃发展的移动消费需求，基于消费者大量而细致的移动消费行为数据，移动消费市场也已经形成一套全面覆盖、分工明确的全移动营销布局。这套以消费者为核心的移动营销市场体系，如今主要包括移动广告营销、移动购物营销以及移动社会化媒体/APP营销三大部分。

1.3.2 广告更重性价比

伴随着移动互联网融入到用户生活、工作的各个方面，移动消费市场也得到更加细致的划分。因此，在进行移动营销时，企业开始追求尽可能地最大化广告价值，也就是性价比的最大化。据统计，手游用户覆盖率最高，达到35.8%，之后则为实用工具、生活服务类平台、新闻咨询类，这四者总计覆盖率达到70.9%。另外，视频音乐、即时通讯与社交类应用也占有一定比例。

1.3.3 移动广告类型多样化

从移动广告的有效类别来看，整体而言，直接信息、视频观看和社交网络占据前三名，分别达到 46%、34% 和 30%。而需要用户主动浏览的网页和应用广告，则效用较差。

图 1-4 是 2013-2014 年中国移动应用广告平台产业链分析（统计分析引自艾媒咨询 (iiMedia Research)）。从中可以发现，除了智能手机之外，在移动互联网时代，还有其他移动营销的重要终端，对此，你也不可忽略。

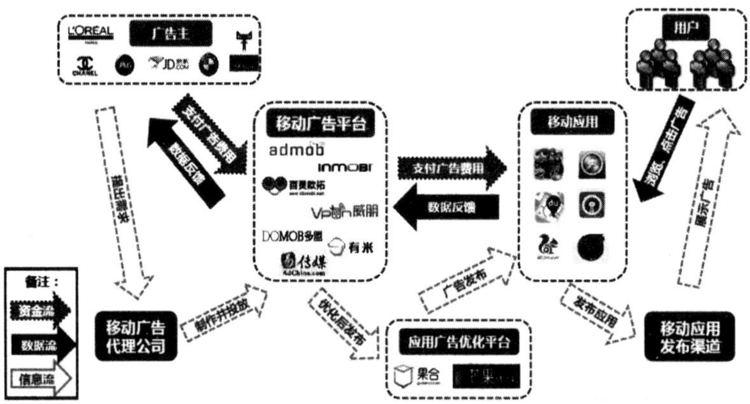

图 1-4　2013-2014 年中国移动应用广告平台产业链分析

1. 物联网

目前，物联网的主要终端设备，主要包括智能手表、健身带、智能眼镜等，但此类设备的渗透率普遍较低，均低于 20%。但作为移动终端的新兴产品，处于初级阶段的消费物联网，仍然存在极高的挖掘价值。

2. 车联网

伴随着汽车的智能化程度越来越高，车联网的价值也逐渐体现。但通过对车联网服务用户进行调查，大多数用户都热衷于线路跟踪、优化和实时导航。

除此之外，自主驾驶、娱乐设施、天气信息等功能，对于大多数用户而言都是可有可无的。

3. 智能家居

近几年来，智能家居的概念十分火爆，作为用户生活的主要场景，智能家居的未来确实十分广阔。如今，智能电视、智能音响等智能家电，都开始进入用户生活，并取得了一定成功。而在未来，当智能家居完成全面布局，将物联网、车联网融于一体的智能家居，也必将实现更大的发展。

移动互联网时代，为我们的世界带来了无限的可能，也为你带来了移动营销新思维。如何应对移动营销体系，并将自身的广告投放到智能手机、物联网、车联网、智能家居等各个平台？事实上，答案也正在移动互联网之中。

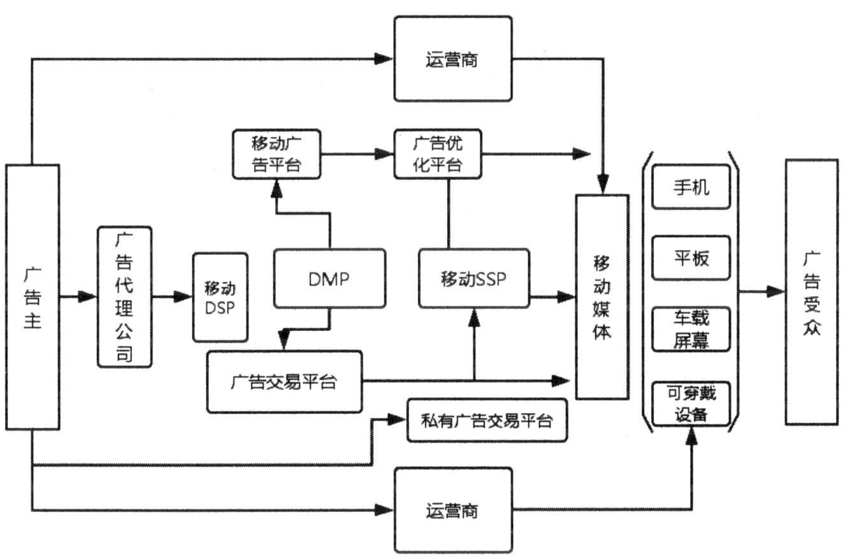

图 1-5 营销真正实现精准化

几乎在我们踏入移动互联网时代的同时，大数据时代也随之到来。在“互联网 +”一切的当下，移动互联网世界中蕴含着太多的数据，基于事无巨细的用户行为数据，让企业能够借此开发出更具针对性的设备、应用，真正的精准营销也得以实现，如图 1-5 所示；而在此之后，借助智能手机、物联网、车联网、智能家居等各种移动终端的互联，用户的数据又能够得到更加全面的搜集、归纳……

重视、运用大数据，是应对移动营销新时代的关键思维。

1.4 移动社交创造空前的营销便利

从 Web2.0 时代开始，社交就已经成为互联网时代的主题，并成为众多企业互联网营销的重要工具。而在如今，移动社交更是为营销创造了空前的便利。

1.4.1 移动社交的发展历程

在了解移动社交创造的营销便利之前，我们先来看看，社交网络究竟是如何一步步发展起来的。

1. 萌芽

2000 年互联网泡沫破灭之后，互联网由此进入 Web2.0 时代，社交网络也开始进入萌芽期。当时，互联网的早期用户开始使用互联网进行交流，QQ等即时通讯工具由此发展起来，而当时的社交网络则以文字交流为主。

2. 兴起

自从iPhone上市，智能手机逐渐普及，移动社交应用也不断丰富。手机QQ不再只是短信的翻版，而是开始能够满足用户的各种移动社交需求；而新浪微博的兴起，也让社交网络的营销价值得以彰显。

3. 发展

伴随着移动互联网的进一步发展，各类通讯、兴趣、LBS和内容应用相继出现和结合，移动社交网络呈现百花齐放的态势，用户的各种兴趣爱好和社交需求，也都能够找到相应的应用得到满足。微信、陌陌则是移动社交蓬勃发展的代表产品。

4. 成熟

伴随着微博、陌陌的相继上市，2015年初，微信推出朋友圈广告……移动流量的变现渠道越发宽广，移动社交开始全面包围用户的各种使用场景。伴随着移动社交商业模式的成熟，基于移动社交的移动营销，也自此进入高速发展之路。

1.4.2 移动社交的营销便利

移动社交时代，究竟能够为营销带来怎样的便利？

坐拥将近7亿用户的微信，无疑是移动社交时代的代表性产品。自从微信于2015年初推出朋友圈广告之后，营销界纷纷为之欢呼，很多人大胆预测微信2015年广告收入将达到63亿元，腾讯的整体广告收入也将达到百亿元。事实也并未让业界失望，2015年，腾讯总收入突破千亿元，其中，广告收入达到

175 亿元，移动端占比超过 65%。

为何一个简单的移动社交平台，却能够创造如此巨大的价值？移动社交能够提供以下营销便利，如图 1-6 所示。

1. 用数据说话

在大数据时代，数据已经成为企业最重要的资产。而在移动社交网络中，用户将为企业带来极为丰富的数据信息。基于移动社交平台，企业可以搜集到各种文字、图片、视频、位置信息，通过对这些信息数据进行分析，企业就可以完善自身的用户建模，从而摆脱让人厌恶的“硬广”，以更具诱惑的社交广告吸引用户。

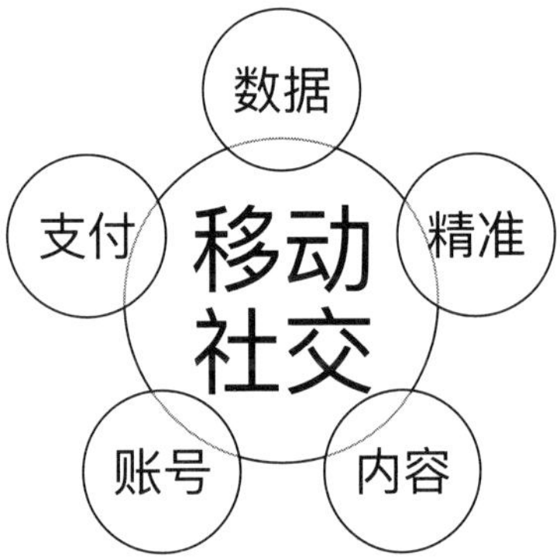

图 1-6　移动社交的营销便利

2. 靠精准投放

对于任何营销活动而言，精准都是一种终极追求。只有精准地将合适的广告推送给合适的用户，营销才能以最小的成本发挥最大的价值。而移动社交带来的大量信息数据，则是真正的精准营销的基础。通过与移动社交平台合作，你甚至能够把握住用户的每个需求、每个位置，从而在合适的时间、合适的地点，为其送上合适的广告。

3. 让内容营销

如今，在微博、微信等移动社交平台上，充斥着各种各样的“营销号”。很多营销号辛苦积攒了大量的粉丝，但一发广告，就被粉丝纷纷“取关”，甚至还得接受粉丝的冷嘲热讽。但同样有很多账号，即使推送广告，也不会引起用户的反感，原因就在于，他们发布的广告内容更易让人接受，而在平时，他们会为用户推送大量的优质内容。

4. 挖账号价值

几乎每个网民都有一个甚至多个社交账号，这些账号记录了用户日常生活、工作的点点滴滴。而移动营销则可以进一步挖掘这些账号的价值，既然人人都拥有社交账号，那就让这些账号成为每个用户的网络身份。因此，账号互通服务逐渐成为社交网络的标配，用户使用一个社交账号，就可以登录几乎所有网站和 APP。利用这种服务接口，用户的一切网络行为都将与该账号连接，这样一来，一方面，企业可以轻易地获取用户社交账号的一些基本信息，另一方面，当社交网络与企业品牌实现互联时，企业品牌的社交营销也获得了便利。

5. 以支付变现

移动社交能够为你吸引大量的关注，而当你通过各种营销方法手握丰富的流量时，你需要考虑的就是：如何将流量变现？如何让粉丝成为消费者？在过去，你或许要将这些流量引导至电商平台或自有电商，但如今，在移动支付的蓬勃发展中，借助微信支付、微博支付等社交平台的支付工具，移动社交平台的营销价值更加凸显。另外，在移动支付环节，手机验证等环节得到极大简化，基于极为便捷的移动支付，粉丝的消费行为也更加顺畅。

社交网络作为网上社会的缩影，每个社交账号的背后都是一个用户，而用户在虚拟世界的行为，也是其现实行为的缩影，甚至能够表现出更多本质性的信息。在此基础上，移动社交更为移动营销带来了极为重要的位置信息和移动支付，因此，在移动社交时代，营销也获得了前所未有的便利。

第 2 章

移动营销的策略选择

2.1 免费策略

免费的东西，人人都喜欢，人们也愿意将免费的东西推荐给自己的亲友——反正不花钱。因此，免费也是一种营销策略。事实上，当下的互联网时代，已经成为一个免费的时代，人们几乎可以不花一分钱，就能享受到互联网带来的一切便利。

免费策略，就是以免费的产品和服务，获取用户或流量的一种方式。当然，营销的最终目的是盈利，而免费策略带来的用户和流量，则是互联网世界中最值钱的资源。

2.1.1 产品免费——后续服务收费

在互联网时代，很多产品都是免费的，移动互联网时代也同样如此，甚至于连智能手机的操作系统都是免费的。然而，免费的产品，却不代表可以终身免费使用，任何产品都需要一定的后续服务支持，如售后服务、维护测试等，而这些却需要收费。

1. 提供免费的前端产品

在互联网时代，各类产品的复制极为容易，你很难保证你的产品是独此一家。而在互联网层出不穷的同质化产品中，想要赢得用户，收费的产品只会让你痛失用户。因此，与其希望利用产品盈利，不如为用户提供免费的产品，先吸引大量的体验用户。

操作系统是智能终端的必备产品，但在智能手机行业，Android 却一直坚持免费开源。各个手机厂商都可以免费试用 Google 开发的 Android 系统，包括其开源平台（AOSP）底层代码和 Google 服务（GMS）套件。因此，Android 也成为市场占有率最高的手机系统。

2. 推出收费的必需服务

当你依靠免费的好产品，吸引到大量用户之后，你就可以开始依靠庞大的用户基数盈利。最简单的方法就是推出收费的后续服务，让用户只有在付费购买服务之后，才能更好地体验你的免费产品，甚至是只有购买服务才能免费使用产品。

仍以 Android 系统为例，手机厂商虽然可以免费使用其开源系统，但根据规定，每部安装该系统的手机都必须经过测试，才能获得 GMS 授权。而测试服务却是收费的，每部手机测试费 0.75 美元。2015 年，全球 Android 手机出货量超过 11.7 亿部，仅测试费一项，就让 Google 坐收近 9 亿美元。

2.1.2 商品免费——附件收费

很多产品本身是无法独立使用的，最常见的产品就是打印机。你购买一台打印机，或者可以使用很久，但在使用过程中，你却需要购买大量的耗材，如油墨、纸张等，否则，空有一台打印机也无法使用。这一策略在移动营销时代，同样有效。

1. 试用版

在移动互联网时代，试用版软件是“商品免费——附件收费”的典型策略。你可以让用户免费得到试用版软件，对产品的核心功能进行“阉割”，用户可以免费体验到产品的基本功能，若用户想要使用完整版功能，则需要付费，如图2-1所示。

图2-1　软件免费与收费策略

比如很多办公软件采取的都是此种策略，用户可以用它处理文件，但却无法保存或导出，如果用户想要进一步体验，则需要购买完整版软件。

2. 会员制

会员制的操作方式，与试用版软件类似。只是在附件收费的过程中，用户需要以购买会员的方式获得完整的体验。这种方法可以降低用户一次完整体验的成本，但如果用户想要长期体验，则需要持续付费。

比如很多交友软件，在功能设置上，用户下载之后可以浏览平台信息，但却无法与他人进行交流，只有成为会员后才可以。用户往往会购买一个月的会员进行体验，之后，则可能会购买长期会员。

3. 产品为核心

当你采用“商品免费——附件收费”策略时，需要认清一个前提——只有你的“商品”足够诱人，用户才会购买附件。如果你的打印机都无法得到用户认可，用户当然也不会购买相关的耗材。

因此，即使是“阉割版”的产品，你同样要尽力将其打造得足够诱人。等用户“上钩”之后，你就可以依靠其他付费功能实现盈利。而这里的付费功能也需要能够触碰到用户的“痛点”，让用户感到“不买不行”。

2.1.3 用户免费——企业收费

在移动互联网时代，很多应用提供的都是双向服务，其服务对象包括个人用户和企业用户两部分，此时，你则可以采取用户免费、企业收费的策略。

正如在很多酒吧中，女士免费入场，甚至赠送饮料，而男士则没有这样的待遇。这是为什么？因为在酒吧中，大多数男士都是为了女士而来，酒吧只要吸引到足够的女士，就不怕这些男士不来消费，而更具消费能力的男士，也能为酒吧带来更多的收入。

因此，在免费策略中，你可以采取分对象免费的策略。尤其是对于社交平台而言，用户可以免费使用各种优质服务，而企业则需要支付大量接口费、认证费等费用，才能注册企业账号。因为，企业需要通过社交平台挖掘用户，而社交平台只要用户足够多，企业自然愿意付费。

该策略并不仅仅适用于社交平台，无论做何种产品，你只需要以免费的产品，为用户提供极致的体验，当你的用户规模足够诱人时，就会有大量企业跟风而来。届时，无论是收取广告费用，还是开放第三方接口，都能为你带来大量的收入。

2.1.4 软件免费——扩展功能收费

软件是很多企业为用户提供服务的基础，因此，软件免费、扩展功能收费，也成为移动互联网时代的常态。几乎所有软件都拥有各种付费的扩展功能，根据你的软件特性，你也可以推出各种付费的扩展功能。

比如 QQ，一个简单的社交工具，却拥有会员、红钻、蓝钻、绿钻、黄钻等十几种付费扩展功能。因为用户需要这些功能，来满足自身的社交需求。

最普遍的扩展功能则是“去广告”。广告能够为你带来大量的营收，但却会损害用户的使用体验。那么，在接广告的同时，你也可以为用户提供“去广告”的扩展功能，给用户一个“清净的世界”，图 2-2 所示为优酷会员可自动去广告。

图 2-2 优酷会员可自动去广告

2.2
跨界策略

伴随着移动互联时代的到来，在“互联网 +”战略下，大批企业纷纷进驻移动互联网。此时，也有很多人试图按照传统行业分类，对移动互联网时代中的各大企业进行分类，然而，这样的尝试却是徒劳。

基于移动互联网连接一切的特性，在日益激烈的市场竞争下，行业与行业之间也开始相互渗透、相互融合，在越发频繁的深度合作中，我们很难再清楚地界定一个企业或品牌的“属性”。行业与行业、企业与企业之间的界限开始变得模糊，跨界也因此变得更加容易，见图 2-3。

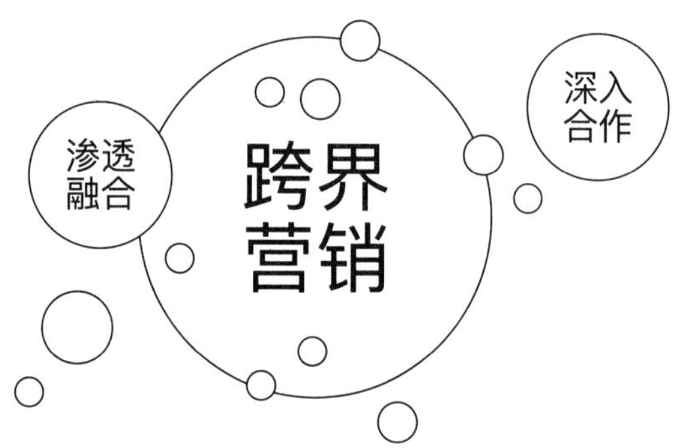

图 2-3　跨界营销策略

2.2.1　何谓跨界

彻底的跨界，是通过自身资源的某一特性，与其他表面不想干的资源进行随机的搭配，从而放大各自资源的作用，甚至融合出一个完整的独立个体。但这无疑需要大量的资源作为支撑，而在“四两拨千斤”的营销界，以营销资源为核心的跨界营销，则成为一种新的选择。

所谓跨界营销，则是“根据不同行业、不同产品、不同偏好的消费者之间所拥有的共性和联系，把一些原本毫不相干的元素进行融合、互相渗透，进而彰显出一种新锐的生活态度与审美方式，并赢得目标消费者的好感，使得跨界合作的品牌都能够得到最大化的营销”。

如今，“跨界”已经成为全球最新潮的字眼，从传统到现代，从东方到西方，跨界的风潮愈演愈烈，跨界营销也为营销界带来不小的惊喜。

之所以如此，是因为在传统营销中，每一个优秀的品牌，都能够比较准确地反映其目标消费者的某种特征，但这样的特征也比较单一。因此，在市场运作中，品牌推广往往也会受到各种外界因素的影响，尤其是在类似竞争品牌较多时。此时，如果企业能够找到一个具有互补性的品牌，就可以从多个方面，对目标消费者群体的特征进行诠释，从而形成品牌的整体印象，进而产生更具张力的品牌联想，见图 2-4。

图 2-4　跨界带来全新内容

举个例子，Mini 和 Puma 分属汽车和服装两个行业，但两者的品牌在消费体验上，却存在很多的共性，比如自信、年轻，追求自由和时尚。在行业内部，他们的品牌或许有很多的竞争者，比如同样体现自信、年轻的奥迪 TT，或是追求自由和时尚的 NIKE。因此，两者采取的跨界合作营销，则是通过在黑色 Cooper 车身外观打上 Puma 的 Logo，并专门设计一款黑色的驾驶用鞋——Mini 运动二分鞋，以双重描述对目标群体特征进行诠释，使得品牌印象更加具体，当消费者想要购买此类产品时，也会第一时间想到 Mini 和 Puma。

2.2.2 如何跨界

1. 产品跨界

产品是营销的核心，跨界策略中最彻底的营销方案就是产品跨界。当两个或多个不同领域的品牌，根据自身的优势合作进行产品研发，就会在这样的跨界合作中产生全新的品牌产品。

这样一来，原本毫不相干的元素在如此彻底的渗透和融合中，也具有了更诱人的立体感和纵深感，从而产生新的亮点。

可口可乐就与班尼路合作推出新的主题系列服饰，Adidas 则与日本时装品牌 Yohji Yamamoto 合作推出 Y-3……

2. 渠道跨界

渠道跨界则是合作品牌基于渠道资源的营销合作。渠道是营销的关键资源，往往开发一个好的渠道，需要企业耗费大量的精力。而渠道跨界则能让合作各方的渠道资源共享。

比如彩电品牌创维与厨卫品牌华帝的跨界合作，基于双方在渠道资源方面的优势，而在三四级市场展开了渠道共用的跨界营销活动：在华帝专营店销售创维彩电，在创维专营店推广华帝产品，并联手展开团购等活动。

3. 文化跨界

通过与各种文化产品嫁接，就可以借势激活产品，从而达到文化跨界的目的。文化跨界并非简单的广告植入，而是将品牌印象与文化产品相结合，在潜移默化中，让消费者认识到品牌的价值。

最为典型的文化跨界就是《穿 Prada 的女魔头》，整部电影并未对 Prada 品牌进行太多的展示，但整部电影与片名，都传递了这样一个信息：Prada 就是时尚，就是潮流。因而，Prada 也成为风靡全球的奢侈品品牌。

4. 促销跨界

促销跨界的目的与一般的促销相同，但在促销跨界中，企业并不只是在自己的品牌上做文章，而是由多个企业在资源共享、互惠互利中，将销售资源最大化，从而实现最佳的促销效果。

如今，很多网络游戏中都有“时装”功能，这些通常由游戏商自己设计，但是否可以引入现实品牌呢？ H&M 就与《模拟人生》合作，在游戏中推出 H&M 的虚拟服装，并开设专卖店。H&M 甚至还邀请玩家们设计新一款夏季主题服装，并在玩家投票后，将其带到现实中。

5. 交叉跨界

以上四种是跨界营销中的常用策略，而在实际运用过程中，你最好是以“组合拳”的方式，根据营销需求对其进行融合，从而在多重描述中，精准地突出你的品牌形象。

2.3
创新策略

在这个“大众创业，万众创新”的时代，互联网和信息技术为人们带来了太多的创新机遇，在移动营销时代，创新也是制胜市场的关键策略。

信息技术的日新月异，为移动营销创新提供了绝佳的技术基础，借助各种技术外包方式，技术已经不再是这个时代的第一创新要素，创意才是创新策略的主题。

那么，在移动营销的创新策略中，你如何以创意吸引用户呢？

2.3.1 定制化

面对消费者个性化需求的觉醒，移动营销在制定创新营销策略时，要注重定制化元素。如何才能做到定制化呢？

1. 产品定制化

要善于打造小品牌、小众的产品，比如专门面对高龄产妇定制化妆品，帮助她们解决孕期面部色斑沉淀问题等。产品深度定制化，营销策略自然就能更加精准。比如要面向自己的粉丝群体推出产品，就一定要带上个人的定制化色彩，如产品中加入语录、漫画、明信片等特色内容，使产品具有独特的价值。如今的网红经济，就很好地把握住了这一点。

2. 营销内容定制化

移动互联网时代的营销，讲究的是精准营销，要把最合适的广告推送给最合适的消费者。微信朋友圈的定制化广告，其推送的广告就非常精准。很多人在看到正合自己心意的广告时会非常乐意点击，甚至还会转发。只有让消费者感受到这个广告是专门为他而生的，消费者就会产生一种荣誉感，营销的目的也就达到了。

比如你要营销的是一款个性化水杯，你的营销内容就一定要以个性化、时尚、艺术化的语言去表述，而不是沉稳、理性的基调。可以模仿当下最流行的“耍贱”、卖萌语调，让你的用户觉得买了这款水杯不但能用，还能给生活带来无穷乐趣，如图 2-5 所示，即为定制化水杯，语言很吸引人。

3. 渠道定制化

据权威营销机构 eMarketer 预测，在 2016 年，移动推广需求将有 88.8% 来自于“搜索 +Banner 广告 + 视频广告”。所以，要善于定制你的营销渠道。有的产品适合百度搜索推广，有的产品适合微信公众号推广，也有的产品适合在淘宝直通车推广，要根据渠道特点和产品特点去打造合适的营销渠道。

图 2-5 营销内容定制化

如农产品电商，在移动互联网时代，就更适合在微信公众号、

QQ、微店等渠道营销，而不是在百度等大型营销平台上营销。

2.3.2 智能化

移动互联网为人们打开了“新世界的大门”，但当大家一拥而入时，移动媒体资源、用户行为和跨屏数据的碎片化，以及移动广告形式有限带来的挑战，让移动营销也没能在新世界里一帆风顺。

如果你想要在新世界，迅速获取用户的关注，那么，智能化就是最好的策略。

1. 视觉效果智能化

如何让用户被你的智能化所吸引？在这个“看脸”的时代，视觉效果的智能化是最直接的方式。给予用户最具视觉冲击力的高清画面，让用户产生观看酷炫大片的体验，是智能化的最佳呈现方式。因此，在移动营销时，你必须注重产品的视觉效果，如果看上去就很低劣，那么，也不会有用户愿意体验。

与此同时，由于手机本身的硬件限制，所谓“炫酷大片”的背后，并不需要过高的技术要求。因此，视觉效果智能化，也是一种极为便宜的智能化方式。

2. 使用体验智能化

视觉效果的智能化终归只是外表，当用户被你的外表吸引过来之后，你就需要以智能化的“内涵”让用户折服。因此，在产品设计中，你也需要融入更多的数据、算法，从前端使用到后台推送，都给予用户智能化的使用体验。

如亚洲首家互联网广告购买方平台 iClick，在为用户推送广告时，首先在前端使用上，就采用自动无声播放、点击视频开关音频、随时关闭等措施；而在后台推送中，则会结合移动端大数据，为用户推送最可能感兴趣的广告；另外，当用户手机电量低于15%时，系统还会自动停止后台预载广告，从而避免因为耗电被用户屏蔽。

2.3.3 游戏化

如何催生用户的参与热情？游戏是最好的选择，总体而言，游戏能让用户真正地乐在其中。

在采取创新策略时，只需要对传统的营销模式稍加游戏化改造，就能取得绝佳的营销效果。游戏化改造是什么呢？其实，游戏说起来很简单，就是设定各种各样的任务，让玩家不断完成任务，从而获取相应的奖励。

传统营销中，有很多这样的案例，比如所有企业都在玩的积分或等级系统，就是一种游戏化的营销，让用户在主动地获取积分或活跃度的同时，积极参与到平台的运营中。然而，时至如今，此种方式也已经引起用户的厌倦，大部分用户往往不会主动积累积分，等到无意间累积到一定分值时，他们则会尽快用掉。

游戏化的创新策略，则能够让积分、等级等策略“重获新生”。在实际运作中，你可以推出各种各样的任务，并“明码标价”，同时，在“奖品库”里放入足够诱人的兑换品，让用户发挥自身的才智，在尽快完成更多任务的同时，赢得更具价值的“奖品”。游戏化的营销创新，就是设计各种营销游戏，让用户主动参与、获得乐趣、收取回报，让企业得到用户的忠诚和红利。

比如洲际酒店集团就推出了“The Big Win”活动，为会员列出各种任务：任意洲际酒店住满6次，奖8800积分；任意不同酒店入住，奖9600积分；任意不同城市入住，奖……用户得到的这些积分，可以直接用于兑换任意洲际酒店的高级房一晚或其他产品。在活动过程中，会员就会根据任务清单，尽量实现相应的住宿安排，以获取更多的积分。

2.4 自品牌策略

营销总是以某个品牌为核心的，然而，在营销团队越发专业化，并逐渐走向外包的今天，营销本身的品牌是否也可以成为一个招牌呢？答案自然是肯定的。

事实上，如今已经有很多营销团队本身，在各大社交平台上获取了极高的关注度。而伴随着“网红”“大 V”的诞生，他们也成为自媒体的绝佳品牌，这就使得移动营销的自品牌策略成为可能。

2.4.1 营销自品牌

伴随着社会经济的不断发展，如今，社会分工越发明确，各种业务外包也逐渐流行。营销也同样如此，很多营销外包公司在业界广受好评，甚至得到用户的认可，成为一个成功的营销自品牌。

因此，在营销其他品牌的同时，你也可以将自身打造为一个营销品牌。在移动营销时代，这只是一种顺便为之的事情，而一旦你的营销策划足够成功，那么，你的自品牌便能够得到用户的认可，你的营销之路也将更加宽广。

比如公共关系服务商博圣云峰，则通过承包杜蕾斯的社交营销业务，而成为业界的一个传奇。杜蕾斯鞋套、@作业本“怀孕”事件、蓝精灵儿歌等热门事件的相继发生，让杜蕾斯的业绩远超老牌对手杰士邦，也让博圣云峰成为社交营销领域的香饽饽，并在2015年年底成功登陆新三板。

2.4.2 自媒体品牌

社交网络的火热，也带动了各路“网红”“大V”的诞生，很多营销人士都为其“吸睛”能力所惊叹。那么，为何你不能自己也做自媒体呢？当你采用自品牌策略时，你的眼界就不应局限于某一产品或品牌，而是在成功打造出自有品牌之后，为之后的营销铺路。

而自媒体则是最彻底的自品牌策略，通过不断为用户提供优质内容，你能够吸引大量的粉丝，成为一个足够“吸睛”的自媒体品牌。此后，基于庞大的粉丝规模和充足的话语权，你就能在之后的营销中，为企业或产品带来更为良好的营销效果。

在移动营销中，打造出号召力强大的自媒体品牌，确实需要前期投入大量的精力与资金，然而，一旦成功，你的后期营销则会获得极大的便利。尤其是当你成功打造出自品牌之后，你也得以成为一个让营销人士趋之若鹜的媒体渠道。

2015年年底，一个自称“集美貌与才华于一身”的papi酱迅速走火，它以诙谐、幽默的短视频，在短短两个月间迅速获得了百万粉丝，见图2-6。直到2016年3月，其粉丝总量接近1200万人，视频播放总量更是达到2.9亿次，见图2-7。3月27日，papi酱与罗辑思维创始人罗振宇合作开展广告招标沟通会。这次招标会的门票仅需 8000 元，罗振宇更是开出千万级的预期。

粉丝来源	粉丝数量（人）
papi酱个人微博	7683757
papi酱微信公众号（dapapi）	2479513
优酷	673670
B 站	908479
爱奇艺	71142
粉丝总量： 11816561人	

图 2-6　papi 酱粉丝来源及数量

播放平台	视频播放量（万次）
腾讯视频	11295
爱奇艺	9591
优酷视频	6072
B 站	2439.8
总播放量：29398万次	均集播放量：753万次

图 2-7　papi 酱视频播放平台及播放量（部分）

2.5
粉丝策略

粉丝营销是近几年颇为火爆的热点，这一切的起源大概要追溯到手机行业的黑马——小米。成立于2010年4月的小米公司，用了15个月的时间培养粉丝，完善MIUI、米聊等系统，于2011年7月发布第一款手机，同年12月，小米1正式在线售卖，30万台手机只用了5分钟就售罄；2015年，小米手机出货量超过7000万台，在国产手机市场，地位仅次于华为。

小米的成功，究其根源就在于粉丝策略。而在移动营销时代，在火爆如微信、微博等移动社交平台上，或专业如知乎、豆瓣等社区中，粉丝策略则更具实践意义。

那么，你如何利用好移动社交带来的营销契机呢？

2.5.1 明确定位，用差异摆脱平庸

在实行粉丝策略时，你必然有一个“吸粉”的工具，无论是微博认证号还是微信公众号，在注册账号时，你就应当明确一个问题：我要为谁服务？他们需要什么？

如果没有这样的定位，那么，即使“吸粉”完成，也无法明确你能为粉丝带来什么，这对于你的再吸粉和营销而言，都是致命的。

金无足赤，人无完人。这个世界没有十全十美的事物，你的公众账号也同样如此，它不可能满足所有人的口味。因此，在自我定位时，你就要拥有一定

的针对性和发力点，而不是想着以“大而全”的内容进行“全覆盖”。

为此，在实行粉丝策略之前，你就要制定好一个完整的运营方案，首先锁定你的目标用户，再针对这部分人群的特征、偏好、需求等信息，确定运营方式。

然而，即使你对目标用户采取了最精准的定位，你也同样可能面对许多竞争者，甚至是同质化竞争者。严重的同质化竞争早已延伸到移动互联网时代，想要从成千上万的竞争者中脱颖而出，差异化是关键。

而要做到差异化，关键在于以下三点，如图 2-8 所示。

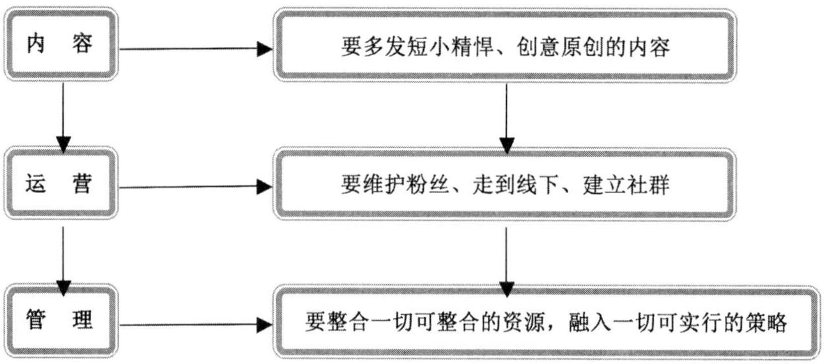

图 2-8　定位粉丝时要有差异化策略

2.5.2　细究内容，用内容吸引粉丝

如何吸引粉丝？如何留住粉丝？核心就在于你发布的内容，如果你的内容平淡乏味，如果你的内容三观不正，如果你的内容毫无新意，那么，“取关”就是“吸粉”的唯一结果。

在实行粉丝策略时，你必须对发布的每一条内容细究，甚至执着于每个标点都不过分。只有让内容尽显精致，才能吸引到你的目标粉丝，有时还会有意外的收获。

1. 坚持原创内容

当你处于粉丝策略中时，最让你头疼的可能就是发点什么内容好。有时候绞尽脑汁也想不出，干脆就是转发个新鲜事。然而，虽然不是每个人都能成为段子手、软文写手，但如果你的内容均非原创，那粉丝为何要关注你呢？难道只为了偶尔看些广告吗？

原创内容并不需要太多的创作能力，最关键的在于素材搜集和整合能力，你只需要通过国内外各种网站，找到你想要的一切素材，再结合自身的观点、经验和品牌对之进行整合，就可以创造出一篇原创的精品内容。

原创内容才是保持账号新鲜度的第一选择，也是吸引粉丝的关键，而转载和评论只能成为备选方案。

2. 结合时事热点

热点往往有很大的用户关注度，尤其是在微博上，“冰桶挑战”“霍金开微博”等话题，都引发了用户的高度参与。然而，如果仅仅是转发时事热点，对于“吸粉”而言还远远不够。

如果你可以结合时事热点，发布原创微博，就可以“蹭着”热点话题迅速进入用户视野，如图 2-9 所示。怎样才能用好热点新闻呢？这就需要你在积累大量素材之后，在对自身品牌的独到理解中，对热点进行独特的分析或结合，从而给用户别开生面的感觉，粉丝也会由此而来。

3. 内容短小精悍

如非必要，切忌发布长篇累牍的文章。在移动互联网时代，用户很少有耐心阅读过长的内容。即使是传统报纸上仅仅一页的内容，在手机上阅读也显得十分冗长。短小精悍的内容，才能给用户更好的阅读体验。

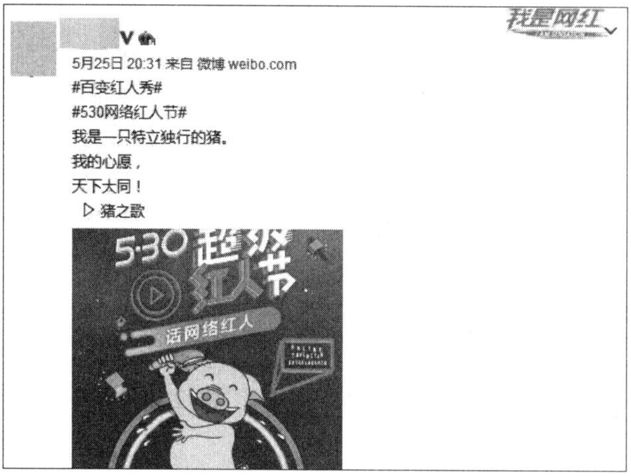

图 2-9　结合时事热点发原创微博

这一点并不仅仅体现在文字内容上，视频内容要控制在 3 分钟以内，图片内容也要控制大小，防止图片内容打开过慢或耗费流量。

2.5.3　增强互动，用关怀发展“死忠”粉丝

在粉丝策略中，粉丝数量并非衡量策略效果的唯一要素。事实上，即使粉丝数量不多，如果这些都是你的“死忠粉”，那你的粉丝策略也可以宣告成功。

对于营销而言，移动社交最突出的作用就在于，将传统的单向传播的弱关系，变为了双向互动的强关系，企业能够在与粉丝的高度互动中，让粉丝成为自身的“死忠”，这样一来，他们不仅可以转变为你的消费者，还可以变成你的智囊团，为你的产品、服务、营销出谋划策。

在移动社交时代，粉丝互动的方式有很多，常见的如评论、转发、抽奖，也可以举办各种活动。无论如何，你的互动必须以粉丝需求为中心，结合自身的营销需要，从而让营销的痕迹尽可能地淡化。

2.6 自媒体策略

移动社交的蓬勃发展，也推动了自媒体时代的到来。在移动互联网世界中，微博、微信、SNS 等社交平台，让各种不同的声音从四面八方传来，传统的所谓“主流媒体”的声音开始弱化，人们不再接受一个“统一的声音”，而希望在独立获取资讯的同时，对事物做出自己的判断。

于是，低成本、高效率、强交互的自媒体就此产生。在自媒体时代，任何人或企业都可以成为一个媒体，向粉丝推送各种信息，表达自己的观点。因此，移动营销也不需要再一味地依靠传统媒体的平台，而可以在打造自媒体的同时，获取一个自有的强大媒体渠道。

2.6.1 企业自媒体打造

如今，许多企业都开通了官方微博或公众号，这就是企业的自媒体平台。那么，企业又该如何打造呢？企业打造自媒体有以下几个关键点，如图 2-10 所示。

1. 不做广告，做自媒体

传统的品牌传播思路，是通过主动寻找宣传媒介，以广告对企业、品牌进行宣传。而在自媒体时代，你首先要让企业成为自媒体，专注于内容，让消费者主动关注你，关注你的品牌，让媒介主动来找你，为你进行宣传。

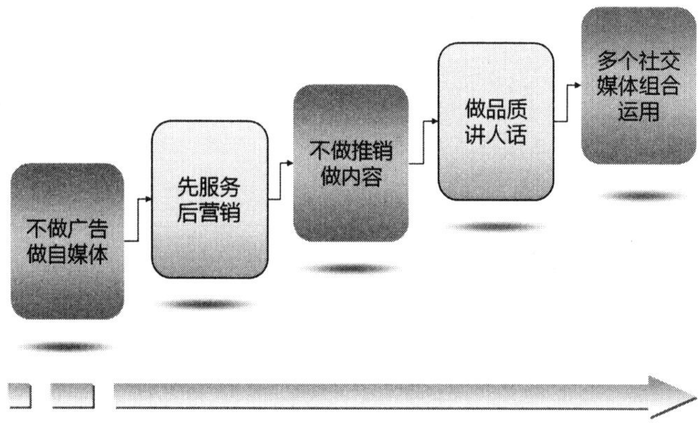

图 2-10　企业自媒体打造的关键点

2. 先服务，后营销

企业在打造自媒体时，必须要认清其中的重点，服务能够让用户体验优化，也能让粉丝认同品牌，而纯粹的营销却会让粉丝逃之夭夭。

在小米的自媒体运营团队中，80% 是客服人员，其他 20% 则专注于内容。自媒体的重点，由此可见一斑。

3. 不做推销，做内容

企业自媒体的打造必须秉持内容战略，并将之作为企业文化，融入到企业的每个角落，让每个员工都成为企业代言人，通过企业自媒体与员工社交账号，共同打造一个持续提高优质内容的自媒体，并与用户不断互动，让用户主动创造内容。

4. 做品质，讲人话

当企业开始打造自媒体时，就需要注重企业账号的“人性化”。很多企业还习惯于发布各种“官方言论”，但在自媒体时代，想要获得用户的认可，首先就要让用户感觉到“你是一个人”。一味的假大空、高大上，只会让用户反感，企业自媒体必须在运营战略下，做到有个性、有情感、够真实。

5. 多个社交媒体组合运用

移动社交时代的自媒体打造有多种渠道，最为典型的是微博和微信，还有 QQ 空间、论坛等，针对它们有着截然不同的营销策略，其营销效果也相差甚远。因此，在打造企业自媒体时，需要将多个社交媒体组合运用，以不同的策略在不同的社交平台运营，从而让自媒体的效用最大化。

2.6.2 产品自媒体打造

自媒体的主体并非必须是企业，事实上，很多企业由于各种各样的原因，无法将企业官微打造为自媒体。此时，企业不妨从产品着手，打造以产品为主导的自媒体。

打造产品自媒体的方式，与企业自媒体类似，唯一需要注意的是，当产品成为主导，你就有了更多个性化的空间，尤其是对产品名称、图标的定制。

1. 取个好名字

一直以来，产品名称的制定需要考量各种要素，如容易记忆、贴切体现产品、平民化等，见图 2-11。而在产品自媒体的打造中，在取个好名字上，你还需要再多投入一些精力。

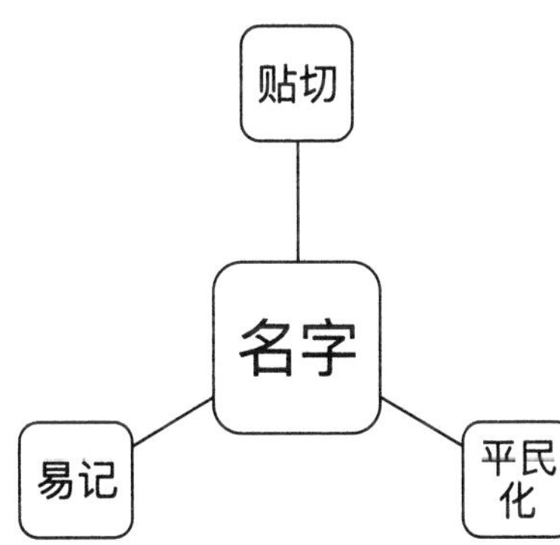

图 2-11　自媒体名字选取的注意点

自媒体的一个突出特点就是平民化，因此，在取名时，在体现产品特性和容易被人记住的同时，也要注重名称的贴切和亲和力。高大上的名称，在自媒体时代并不讨好，反而会引起用户的反感。

2. 做个好图标

在制作头像图标时，你则需要更多地考虑到产品的特点。

如果产品本身就十分亲民，那么，不妨制作一个“萌萌哒”图标，以卡通形象，将亲和力打造到底。

如果产品有着较强的专业性，则需要设计一个更显权威性的图标，以免让用户感到产品的不专业。

2.6.3 企业管理者的自媒体打造

在自媒体时代，自媒体的主体最好就是人，但在企业营销中，该如何打造个人的自媒体呢？此时，通常的选择就是以企业管理者为核心，将之打造为明星企业家。

事实上，许多互联网企业的 CEO，都已经成为微博上的自媒体赢家。如凡客 CEO 陈年拥有 604 万粉丝，360 董事长周鸿祎粉丝数达到 1119 万，聚美 CEO 陈欧更是以“霸道总裁”的形象坐拥超过 4000 万粉丝……

在自媒体时代，有这么一句话：“无论大公司还是小公司，未来都要成为媒体公司，无论是以产品驱动，创始人（老板）驱动，还是情怀驱动。”这里的媒体公司并非指代传统意义上的媒体，而是要让公司像媒体一样能够创造话题、吸引眼球。

这个话题可以是企业，如苹果、阿里巴巴；也可以是产品，如苹果手机、支付宝；还可以是创始人、老板等个人，如乔布斯、马云……

在移动社交时代，消费者的眼球永远是稀缺资源。此时，如果企业管理者能够融入社交媒体，释放自身的影响力，就能够在自媒体时代走得更远。毕竟，自媒体时代说到底还是个人的媒体时代。那么，企业家要如何释放影响力呢？

首先，展现个人魅力。老板之所以是老板，必然有其个人魅力存在，很多企业创始人更是如此。因此，企业管理者在打造自媒体时，首先要展现出个人的魅力，从而吸引到粉丝的拥护。甚至于，在自媒体时代，很多企业管理者已经成为新一代的“网红”，在明星效应的作用下，他们背后的品牌、企业也随之走红。

其次，跳出个人形象。在打造个人自媒体时，企业管理者就“不再是自己”，而成为品牌传播的关键媒体。在国内，企业总是与企业家一起出门，如海尔与张瑞敏、联想与柳传志、阿里巴巴与马云。此时，企业管理者已经不再是一个个体，而是企业的代表，因此，管理者在展现个人魅力的同时，也需要跳出个人形象的桎梏，将自己打造为促进企业“重核裂变”的“超级中子”。

2.7
资源整合策略

既然营销是一个“四两拨千斤”的事业，那么，资源整合策略也是移动营销时代的必然选择。相比于传统的资源整合策略，在移动互联网时代，资源整合也应以移动 APP 为核心，如图 2-12 所示。

近两年来，国内移动互联网市场发展迅猛，亿级 APP 不断涌现。虽然在“TOP30”的 APP 榜单中，BAT 旗下投资的应用占比达到七成。但在“TOP100”榜单中，几乎每个月都有 60% 的变化，分类排行榜中竞争更加激烈。

对于移动营销而言，移动互联网市场的蓬勃发展，为其自有 APP 迅速“吸睛”创造了绝佳环境，而对于无力或无需打造自有 APP 的人而言，借力整合资源也变得更加方便。

2.7.1 整合亿级 APP 用户资源

伴随着越来越多亿级APP的涌现，甚至出现了微信、QQ、微博、支付宝钱包这样的巨无霸级 APP，这也为移动营销创造了契机。通过与这些 APP 合作，你就能轻易地面向数亿的用户群，而在实际营销过程中，针对自身品牌需求，你也能找到更具针对性的 APP。

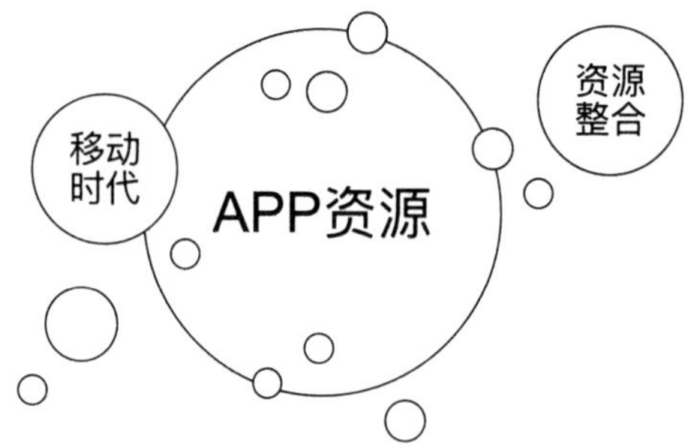

图 2-12 资源整合以 APP 为中心

如今，大多数亿级 APP 都会定期发布自身的用户分析报告，通过浏览这些报告，你可以轻易地获知各种信息，如 APP 的用户规模、用户分布、使用习惯等。当然，“偏听则暗”，在实际整合过程中，你也需要独立进行调查，对 APP 的用户情况有更真实的了解。

之后，你则需要明确自身的营销需求，到底是面向更多的普通用户，以曝光度为先？怎样的曝光度能够满足你的需求？还是找到更多的目标用户，以转化率为先？你的目标用户又有怎样的特征？

在明确自身需求和APP用户情况之后，你就可以找到符合需求的亿级APP，对其进行用户资源的整合。

中华万年历是一款用户量、活跃度都很高的日历类APP。通过融入黄历功能，中华万年历迅速赢得了国内用户的喜爱，尤其是35岁以上的男性用户。针对中华万年历的用户群特征，Jeep就在6月6日的JeepDay这一天，与中华万年历进行合作，使得Jeep当天在日历中得到全方位露出，包括全屏广告、日历冠名、皮肤、锁屏提醒等，将Jeep带到了其目标用户——35岁以上的男性面前。

2.7.2 整合热点APP话题资源

APP数量的不断增多，也使得每段时间的热门APP变化极大。新的APP不断涌现，并在短时间内获得相当规模的用户，老的APP也可能就此没落。很多APP则在瞬间获取极高关注度之后，迅速湮灭。

但对于这些关注度极高的“流星”APP，你同样可以整合其话题资源。借助其关注度，推广自身的品牌或产品。

此时，生硬的广告植入效果并不好。因为热点APP之所以能够迅速赢得用户认可，大多是因为良好的使用体验，而生硬的广告植入则会连累APP的火爆，因此，大多数热点APP也会拒绝广告植入。

在整合热点APP话题资源时，你可以借鉴淘宝上的各种“明星同款”。每个热点话题诞生之后，我们都可以在淘宝上搜索到相关的产品。而在实际整合营销过程中，你也可以采取这样的方式，将热点APP与自身进行结合。

比如在愤怒的小鸟、植物大战僵尸等游戏APP最为火爆的时候，淘宝上原本经营娃娃的商家，也顺势推出了相关的周边娃娃，瞬间赢得了消费者的喜爱。

2.8 借塘打渔策略

其实，营销和打渔十分类似。这很好理解，在营销过程中，我们确定目标群体，并找到目标群体集聚的环境，进去获取用户；而在打渔中，渔夫确定捕猎目标，找到池塘之后撒网打渔。

在旧媒体时代，营销人士习惯了撒大网，通过尽可能地捕到更多的鱼，来保证捕到目标鱼类的数量。而在移动营销时代，我们则可以借助精准营销，撒小网、捕大鱼。

然而，无论如何打渔，都有一个前提，那就是存在鱼类的池塘。

关于池塘问题，很多人的思路，就是自建池塘——毕竟，自己的才能用得安心。然而，先不提自建池塘的高投入，即使你投入大量的成本去建造池塘，最终能否成功也尚不可知。此时，为何不直接借塘打渔，在别人的池塘里打自己的渔呢？

2.8.1 寻找构建大池塘的闭环

很多大型互联网企业都热衷于构建闭环，致力于以一己之力解决流程涉及的所有问题。

阿里巴巴做电商业务，他们既提供电商平台——淘宝、天猫，又提供支付方案——支付宝，还做电商金融——阿里小贷，甚至将电商业务延伸到线下，做生活服务类平台——美团、美团外卖，并开始转型移动支付——支付宝钱包……阿里巴巴几乎构建出一个完整的电商闭环，这就相当于构建出一个大池塘，如图 2-13 所示。

在这样一个巨大的池塘中，各种各样的鱼群也被纳入其中。这就为移动营销带来了机会，无论你的目标用户群如何，你几乎都可以从中找到——除非你的目标用户从不使用电商有关的各种业务，而在当今这个时代，这几乎不可能。

在移动互联网市场，存在各种各样的巨头企业，如传统的 BAT，当他们致力于构建完整的闭环时，也就为你提供了借塘打渔的大池塘。

试问，如果仅仅依靠自己的力量，在互联网巨头的烧钱大战中，你能够开拓多大的鱼塘呢？那么，当滴滴、快的“烧钱成功”，饿了么、美团外卖、百度外卖“三家分晋”时，你能否在他们的池塘里，找到自己的目标用户呢？

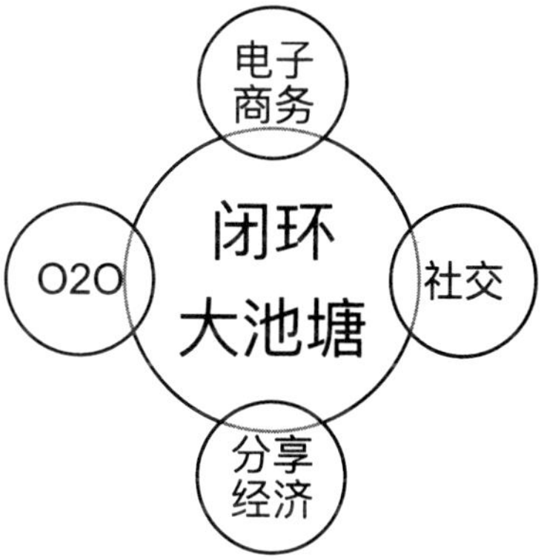

图 2-13　闭环大池塘囊括诸多领域

移动互联网市场中存在许多大池塘，而你要做的，则是找到与自己最为契合的池塘，继而在这个池塘里，挖掘到大量的目标用户。

2.8.2 在大池塘中撒网打渔

当我们找到别人的大池塘时，又该如何进去打渔呢?

1. 投放广告

投放广告是最直接的借塘打渔策略。如今，几乎所有 APP 都有主屏广告，用户一打开 APP，就能看到 3 秒的全屏广告。当你采取方案时，就等于你撒下了一片覆盖整个池塘的大网，如果你缺乏足够的资本，你也可以选择精准营销的方案。

借助大数据以及算法技术，很多 APP 已经能够实现更加精准的广告投放。你可以将你的广告与某些关键词相关联,甚至为不同的关键词设计不同的广告，当用户搜索相关词汇时，APP 即可推送你的广告，从而实现借塘精准打渔。

2. 专注节点

在互联网巨头构建的闭环中，存在着多个节点，然而，即使是互联网巨头，也无法在闭环中做到面面俱到。此时，你不妨专注于某个节点，或是进驻巨头的平台，或是提供外包服务，或者是被巨头所收购。

可穿戴设备成为近两年来十分火热的概念，苹果、安卓等移动智能纷纷推出相关应用，在硬件、软件、算法、数据上不断投入，大力构建该领域闭环。而 Pacer 则一直坚持个人健康管理领域，并因此进入欧美 App Store 健康分类榜前十。之后，当苹果在 WWDC 大会上推出 HealthKit 时，Pacer 则成为范例，其知名度瞬间猛增，并顺利成为 HealthKit 健康数据分析的重要一环。因此，Pacer 也得以在苹果的大鱼塘中轻松打渔。

第 3 章

移动营销的思维打造

3.1
爆品思维

经常逛淘宝的人，一定对这个词汇十分熟悉——爆品。打开淘宝，搜索爆品二字，我们能够看到 170 多万件“宝贝”，这些商品涉及服饰、鞋袜、家居等各个分类，为何淘宝店主都热衷于“爆品”二字?

所谓爆品，简单来说，就是让用户尖叫到爆的产品。此类产品一经推出，就会迅速得到市场的关注，形成“集体围观”现象。

3.1.1 何为爆品

爆品就是做到极致的产品，这样的产品能够迅速满足大众的需求，也会让业界惊讶：“这东西还能这么做？”很多人错误地认为，爆品就是销量很高的产品，事实上，并非如此。

有一个产品，其销量只有区区 2000，但却已经引爆市场，得到全行业的关注。如 2015 年初的爆品“鲜誉极参”即是如此，在引爆市场之后，这款产品的每一轮销量都暴涨 3 倍。

另外一种产品，虽然采取了微信营销策略，销量以十万计，但市场关注度仍然极低，最终仍然落脚于传统的渠道销售。

上述两种产品的差异在哪呢？

在爆品发展初期，并不以销量论英雄，而是以话题为先，之后再用话题引爆销量。而传统营销方式，即使引入了微信营销，但仍然只是利用传统渠道资源做销售。

因此，想要打造出爆品，关键就在于营造出“集体围观”的现象。让从业者或用户一起来看热闹，让产品成为微博或微信上的热点话题，最终带来线上或线下销量的暴涨。

一个成功的爆品，在传统营销思维看来，可以称得上是一个“奇迹”。因为它们的成功，不依靠品牌背书，不实行重资产运营，也不依赖传统渠道，甚至没有一个庞大的营销团队，却能够创造销量的成功。而这一切，都源自于爆品思维。

3.1.2 爆品思维四步走

第一步，引导主流换挡。

在过去，为了以更低的成本赢得市场，主流产品都有“双底”的特征，即品质到底、价格到底。但如今，伴随着用户消费能力的提高和消费需求的改变，人们更希望产品能够满足自身的深层次需求，如情感沟通、生活品质、个性风格定位、品牌口碑等，而对于价格，则拥有更高的承受能力。消费者消费需求多样化如图3-1所示。

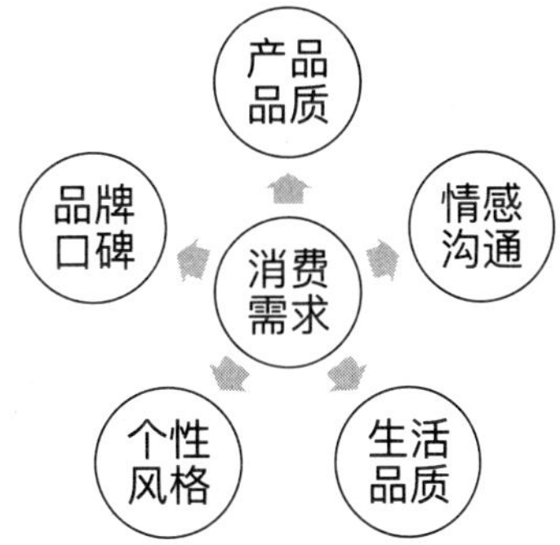

图3-1 消费者消费需求多样化

因此，在爆品思维下，你必须懂得引导主流换挡，抛弃“双底”策略，为用户带来极致的产品，当用户为你的产品尖叫时，你也就不用惧怕无处不在的“价格战”。因为极致产品本身的极致体验，是低价所无法保证的。

中国是坚果消费的大国，人们早已习惯在小区里的炒货店购买坚果，虽然坏的很多、脏得不行，但价格便宜，也没有其他选择。之后，三只松鼠出现了，标准化的包装、优质的产品和服务，瞬间引爆了市场。虽然三只松鼠的坚果产品价格高于炒货店，但对于广大“吃货”而言，这点高出的价格并不算什么。坚果市场的主流也由此换挡。

第二步，品质视觉化。

“好吃看得见”，是曾经十分流行的一句广告语。而在爆品思维下，你同样要注重品质的视觉化，让用户一眼就能感受到产品的优质。而且，在这个“看脸”的时代，如果没有较高的“颜值”，仅仅依靠内涵，是很难满足用户的消费需求的。

品质视觉化是iPhone的标志做法，在强大的工业设计下，当iPhone与其他手机放在一起时，用户一眼就能感觉到iPhone的高品质。巨大的对比度，也让用户倾向于看起来更“高、大、上”的产品。

第三步，抓住痛点。

在传统商业市场，我们都会讲究卖点或买点，也就是产品哪里好、用户想要什么，而现在我们则要考虑用户的痛点。

所谓痛点，就是用户使用过程中遇到的问题，或者说，用户不使用的原因。只有抓住用户的痛点，你才能以此为出发点，设计出足以让用户“尖叫到爆”的产品。

第四步，高性价比。

无论什么产品，如今想要卖出去，都离不开性价比思维。互联网让信息能够高速流通，这也让信息不对称的问题得到解决，因此，如果你给自己留下了过大的利润空间，消费者也会觉得你是“奸商”。

如今的用户已经习惯全网比价，若没有高性价比，即使产品本身很好，用户也会觉得“不值”。但在对性价比的考量中，性能一词的内容，却并非仅仅指代产品的硬件性能，还包括设计、情怀等多种要素。无论是融入何种要素，只要你能让用户认可，给用户超值的感觉即可。

3.2 痛点思维

社会生产力的高度发达，让人们的物质需求得到了极大的满足。然而，在实际生活中，人们总是会有这样或那样的不满，各种产品和服务总是有所缺失，这些问题就是用户的“痛点”。而针对这些“痛点”，如果你能够提供合适的解决方案，你就能获得用户的拥护。

在打造痛点思维时，你可以从产品、需求、体验三个角度着手。

3.2.1 产品痛点

在移动互联网市场蓬勃发展的今天，每天都有大量的 APP 诞生，但大多却走向了失败。虽然在设计产品时，每个产品经理都觉得自己抓住了用户的产品痛点，结果却事与愿违。如何真正解决用户的产品痛点?

1. 站在用户的角度思考，坚持客观分析

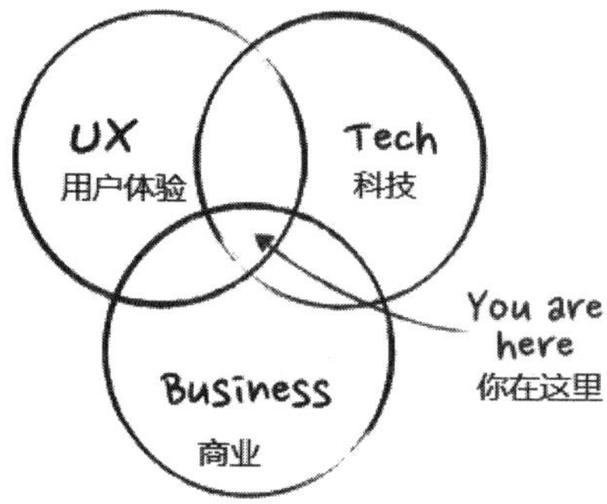

图 3-2 如何解决产品痛点

想要以用户的产品痛点为突破口，你首先就要从用户的角度去思考。很多产品经理会抱怨："我就是从用户的角度去思考的啊，整个设计过程，我都把自己当做用户，我觉得这个产品棒极了。"

此时，你一定要分清楚，你是把自己当做了用户，只是把自己的需求当做用户的需求，还是真正从用户的角度去思考？在解决用户产品痛点之前，你一定要抛弃自己的固定角色，努力将自己还原成一无所知的"小白"，从而对目标用户的产品痛点进行客观分析，还要综合商业、科技要素综合考量，如图 3-2 所示。

2. 发现用户的产品痛点，不断优化实现

当你能够站在用户的角度思考，坚持客观分析，就能够发现真正的产品痛点。以此为出发点，你就能够开始努力实现痛点。然而，在发现到实现的过程中，则需要你发挥自身的专业能力，对发现的东西进行分析，并将之转换为产品的新功能或优化项。

分析的方式有很多，在大数据时代下，数据分析是更好的方法。因为如今的数据背后不再是简单的销量、规模，而是每个用户的所有信息数据，基于此，你就能够找到真正可以实现的痛点，并将之打造为产品。

3. 遵从产品的基本原则，交给用户选择

任何一个产品都有自己的基本原则，你必须从用户健康度和市场健康度等方面，对产品设计进行考量，切忌想当然地设计产品。在产品设计时，你需要

尊重用户的自由度，尽量降低用户的使用门槛，减少用户的体验障碍。

而在产品开发完成之后，你就要将选择的权力交到用户的手中，利用论坛、微博、微信等工具，制定各种用户反馈机制，让用户告诉你，他们对于产品还有怎样的需求。此后，你则可以对痛点产品进一步优化改进。

3.2.2 需求痛点

在纷繁复杂的移动互联网市场，各种各样的产品充斥其中，但仍然有大量的需求痛点没有得到解决。在痛点思维中，很多人会从用户的需求痛点出发，然而，最终却只能得到寥寥几人的认可。

在解决用户需求痛点时，你一定要明白，只有抓住大众、高频的“刚需”，只有切实地解决这种痛点，才是你成功的凭仗。

1. 抓住大众、高频的“刚性需求”

只有抓住用户的需求痛点，你才能在移动互联网市场中脱颖而出。然而，并非任何需求痛点都能将你带向成功，若非大众、高频的“刚需”，你的解决需求痛点的产品，也只能成为小众产品，其使用率也可能极低。

如果你的产品的目标用户群很小，目标用户又很少使用，那你又如何获得成功呢？因此，在挖掘需求痛点时，你一定要清楚：究竟有多少用户需求？他们的需求程度又如何？

出行是所有人生活必不可少的一部分，但“打车难、服务差”的传统出租车服务，却很难满足用户的出行需求。基于如此大众且高频的需求痛点，Uber、滴滴打车顺势而生，解决了用户的需求痛点，甚至对传统出租车行业造成冲击，将专车服务逐步打造为市场主流。

2. 切实解决用户的需求痛点

当你抓住了用户的“刚需”，你就要能够切实解决用户的需求痛点，对症下药，而不是简单地将之作为吸引用户的噱头，这样的做法只会让用户“用脚投票”，也让自己的名声因此败坏。

对于网购一族而言，“海淘”是当之无愧的需求痛点。因此，越来越多的电商开始做起“海淘”业务，几位“留学精英”也由此开发出号称“真正美国货”的APP。但打开APP之后，首页全是Dior、Levi's等品牌，用户看到就走——谁要在“海淘”里购买国内就有的品牌呢？

3.2.3 体验痛点

商业发展的数千年来，只要市场有需求，就会有各种各样的产品或服务产生。然而，大多数产品或服务却只能满足用户的基本需求，在用户实际使用过程中，却难以流畅体验，存在大量体验痛点。

体验痛点的存在，也为痛点思维的实践提供了突破口。在发展汹涌的移动互联网市场，已经很难再找到一片“处女地”，此时，你可以通过市场调查，找到阻碍用户流畅体验的节点，并对其进行改善，从而满足用户的体验痛点。

二手市场一直存在着大量的供需需求，但却很少有一个二手市场能够让供需双方满意，因为卖家怕卖便宜了，买家则怕买贵了、买错了。闲鱼则从此出发，根据产品的类型、折旧等，给予卖家“推荐价格”；同时，平台会对产品进行一定的审核，让买家根据评分简单选择。

3.3
平台思维

3.3.1 模式1：建平台，做服务

在传统商业模式中，几乎每个企业都在追求更大的规模、更大的产量、更多的员工，当“重资产”模式成为多数人的选择，资产规模也成了评判企业经营状况的关键要素。在这样的线性思维下，制造业热衷于不断采购加工原材料并销售，服务业则盲目于雇佣大量的人员开连锁。

然而，在瞬息万变的移动互联网时代，“重资产”发挥优势的空间极为有限，很多时候甚至会成为企业发展的包袱。此时，基于互联网连接一切的特性，你不妨构建一个平台，以此将市场参与各方连接起来，为大家做服务。依靠“轻资产”的平台思维，成为市场运作的重要节点。

具体而言，可以从以下四个方面着手，如图3-3所示。

1. 到价值点，实现立足

想要构建平台做服务，你首先就要抓住众多价值链中最具共性的一个环节，使其成为相对最为高效的节点，为价值链提供更多的价值，以此作为构建平台的立足点。

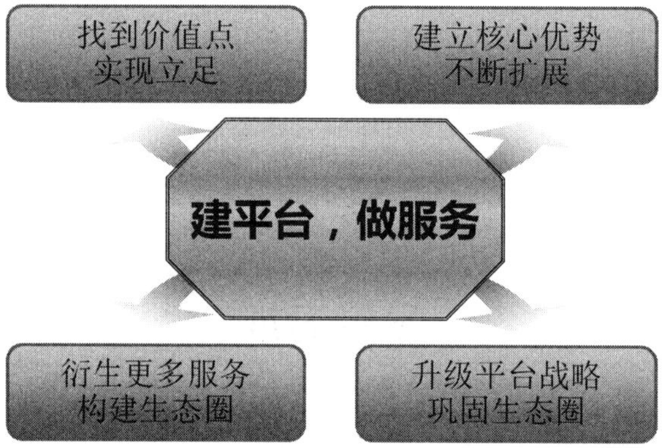

图 3-3　以价值点构建生态圈

其实，构建平台并不复杂，在平台构建之初，你要做的就是找到最简单的那个点，一个行业或多个行业都离不开的节点。此时，如果你一味追求“高、大、上”或独特性，反而会限制平台的发展空间。

2. 建立核心优势，不断扩展

当你找到构建平台的突破口之后，就需要将之作为平台的核心优势，从而为用户提供更优质的服务。与此同时，在不断的积累中，你也获得了平台技术、品牌、管理、数据、用户等重要的无形资产，基于这些自己容易复制、对手难以超越、边际成本极低的资产优势，你的平台也获得了极佳的可扩展性，从而迅速做大，发挥更大的平台价值。

3. 衍生更多服务，构建生态圈

伴随着平台的不断成熟，你在某个节点上也已经做到极致，此时，你则可以将服务范围拓展到价值链的更多环节，为各环节提供更多的高效服务。如此一来，你的平台黏性和竞争壁垒也得到增强，由此也得以形成一个平台生态圈。

4. 升级平台战略，巩固生态圈

随着价值链或者产业链的不断发展，平台生态系统的属性也应当随之升级。只有紧跟时代潮流，不断发现未来更有价值的价值链环节，并以此为目标，进行战略性转移和倾斜，你的平台生态系统才能稳固发展。

腾讯在起家之时，只是一个简单的即时通信工具，但它也凭此成为中国网民不可或缺的一部分。基于庞大的用户规模和数据资产，腾讯也以QQ为基础，构建并不断完善、拓展腾讯媒体平台，最终成为中国互联网三巨头和最重要的媒体平台之一。

3.3.2 模式2：借平台，引流量

在互联网时代，尤其是移动互联网时代，一个成功的平台具有巨大的营销价值。然而，平台的构建并非易事，即使是BAT，其创业初期正值互联网泡沫之时，此后，在十几年的奋斗下，耗费巨资，才最终成长为如今的互联网商业帝国。

平台不是一天建成的，平台生态圈的形成更是需要大量时间、资金、技术的投入，除此之外，天时地利人和等因素更是缺一不可。如红极一时的电商平台8848、返利平台P.CN和服装平台PPG，最终都是昙花一现，落得个草草收场。

因此，如果自身能力有限，那么，你与其投入大量成本构建平台，不如先借助现有平台，进行流量引流。

1. 需求匹配

移动互联网的快速发展，使得各种平台企业蜂拥而起，在借平台之前，你首先要做到需求匹配。究竟哪个平台才能最大程度地满足你的引流需求？

仅以社交平台而论，如今国内主要的社交平台有微信、微博、QQ空间、知乎、豆瓣等，这些平台之间有着明显的差异，微信互动性更强，微博传播性更强，QQ空间受众更多，知乎更具专业性，豆瓣则以兴趣为先……

在借平台时，你当然不能把鸡蛋都放在一个篮子里，但“雨露均沾”则需要投入更大的成本。因此，在此之前，你必须明确自身的营销需求，并对各大平台进行调查，找到匹配程度最高的平台，作为借力重点。

2. 借力平台

找到需求最为匹配的平台后，就可以借力平台做营销了。如图3-4所示，你可以在微信上做互动，在微博上传播并引爆信息，在知乎上寻找专业答案……

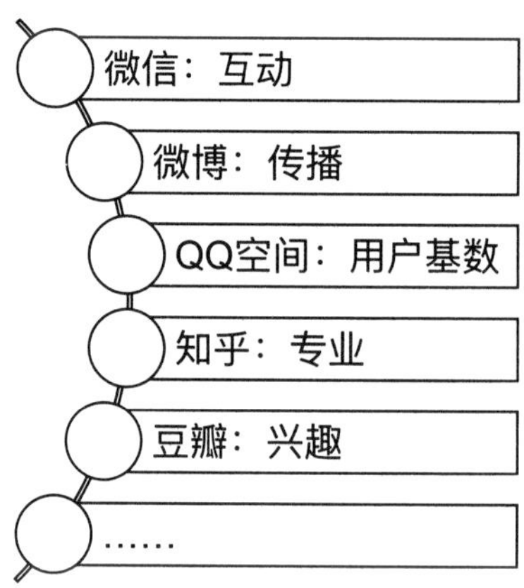

图3-4　借平台力量时要做到需求匹配

首先，投放广告。投放广告是借力平台最直接的方法，大多数平台为了盈利，都会承接企业广告。但在大数据时代，即使是投放广告，你也应当选择最为精准的投放方式，从而实现效益最大化。

其次，自媒体营销。在各大开放平台上，你同样拥有免费进入的权限，此时，你不妨在平台上构建自媒体品牌，成为“大V”或“明星”，或是借助他人的自媒体品牌，以更低的成本换取“权威推广”。

最后，风格匹配。在移动互联网时代，“硬广”只会被习以为常的用户所忽视，尤其是那种“画风突变”的“硬广”，更是到了“人人喊打”的地步。因此，无论你采取投放广告还是自媒体营销的方式，都需要注重风格匹配，并弱化广告色彩。

3.4 用户至上思维

3.4.1 体验至上

这是一个用户至上的时代，在互联网与信息技术的改造下，用户已经成为当之无愧的“上帝”，只要得到用户的认可，你就能够获得一切。

在互联网时代，究竟什么才是用户思维？简单来说，就是体验至上，这也是一切互联网思维成功的基础。

在互联网时代，只有给用户好的体验，才能产生用户黏性，并由此挖掘出巨大的用户价值。而要产生这样的效果，你就需要让优质的用户体验贯穿于产品或服务的每一个细节，让用户能够明确感知到一种超预期的惊喜。说得通俗点，一个好的用户体验，就是在包括打开界面、使用服务、事后反馈的整个服务链条中，让用户“一爽到底”。

如何打造体验至上的用户思维呢？

你需要建立起经典的 Who-What-How 模型，如图 3-5 所示。

Who 就是用户，你的目标用户究竟是谁，他们有着怎样的特征？

What 则是需求，你的目标用户到底需要什么，何为刚需？还有哪些次要需求？

How 就是全程体验至上，在与用户交互的全过程中，保证用户的良好体验，让用户“怎么用怎么爽”。

2006 年，360 初入互联网安全领域，而在短短的四年间，360 就成为中国第一大互联网安全公司。360 的成功更是因为其体验至上的用户思维。当大量用户涌入到互联网世界时，各种流氓软件和病毒插件，让“小白们”无所适从，而 360 安全套件（360 安全管家、360 杀毒、360 安全浏览器）则让“小白们”可以感受傻瓜式的安全体验。此后，360 也得以在各行各业混得风生水起。

图 3-5　Who-What-How 模型

3.4.2　精准营销

互联网时代下，用户已经成为企业运营的真正核心。8.5 亿的互联网用户规模，也为你带来了取之不尽的用户资源。然而，到底哪些用户才是你的目标用户呢？你又要如何挖掘出自己的目标用户，或者挖掘出用户的哪些需求呢？

1. 构建用户画像

构建用户画像，就是对用户信息进行标签化处理，通过对用户的社会属性、生活习惯、消费行为等信息进行分析，从而对用户有个完整的抽象描述，凭此你就能将用户分门别类，并找到自己的目标用户。

在构建用户画像时，你需要引入各种数据分析方法，而不是想当然。简单来说，你可以凭借经验分析目标用户的主要属性，如性别、职业、年龄、收入或城市等，此后，再根据过往数据进行相关性分析，找到相关性最强的属性，最终实现精准化的筛选。

2. 构建使用场景

任何产品或服务的使用都有其特定的场景，在职场办公、在商城购物、在路上听歌、在家里休闲……你需要构建出你的产品或服务的使用场景，让用户能够接触、认识并使用你的产品。

考虑到不同的用户属性，你大体可以从三个角度构建使用场景，如图 3-6 所示。

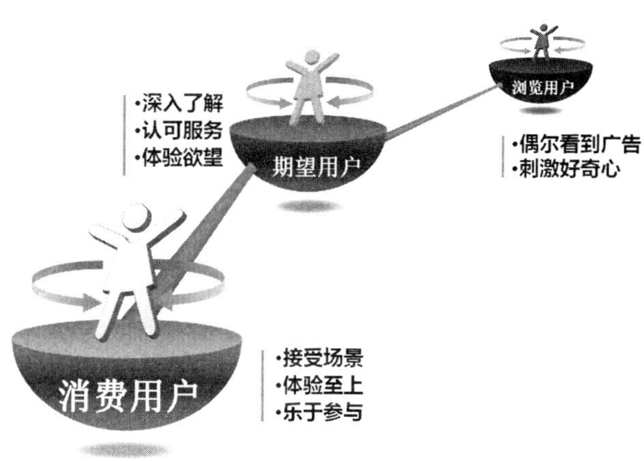

图 3-6　构建使用场景的三个角度

其一，浏览用户。此类用户只是偶尔看到你的广告，此时，你就要以诱人的信息，刺激用户进行深入了解。实际操作中，你可以通过产品介绍、用户数据、成交数据等信息，让用户对你产生好感或好奇。

其二，期望用户。经过你的引导，此类用户已经对产品产生了一定的期待。在其深入了解的过程中，你就要让用户认可你的产品或服务，并产生强烈的体验欲望。对于该阶段用户，你可以引入成功案例或第三方评价，并提供快捷的消费场景引导方式，让期望用户转变为消费用户。

其三，消费用户。当用户被成功引导到你的消费场景中时，那么，遵从体验至上原则的你，就能够凭借“一爽到底”的产品或服务，让用户注册、使用并消费。此后，你还可以凭借完善的服务、互动体系，让用户真正参与进来，帮助你主动推荐甚至是出谋划策。

3.5 社交媒体思维

3.5.1 改变传播思维

社交网络的蓬勃发展，为所有企业开启了新世界的大门。在社交营销愈演愈烈的今天，对于移动营销而言，社交媒体思维同样不可或缺。

如今，几乎所有企业都会开通自己的官方微博、微信账号。然而，对于社交媒体思维的打造而言，这还只是个开始。如果你以为，在你开通社交账号之后，推出一些“吸粉”活动，之后每天发些心灵鸡汤、搞笑段子，偶尔做些促销、发些广告，就是社交媒体思维，那无疑是大错特错了，社交思维与传播思维的差别如图 3-7 所示。

把传播思维转移到社交网络，就成了社交媒体思维——这是很多社交媒体思维新手的通病。而他们也都会遇到一个问题——平时没人互动，只有抽奖时才会热闹一阵。

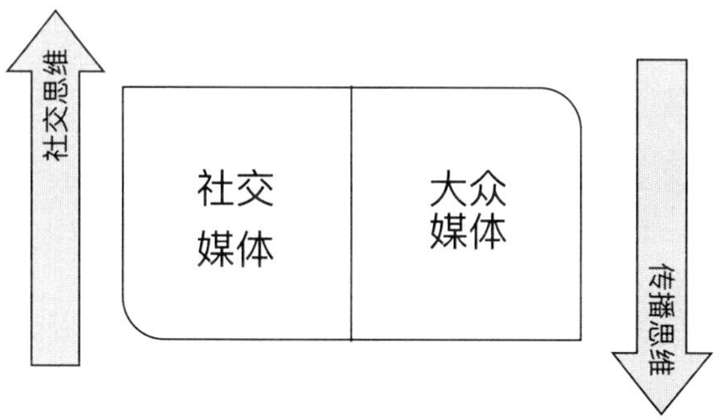

图 3-7　社交思维与传播思维有很大差别

1. 何谓传播思维

在传统的大众媒体时代，营销人大多会与大众媒体（如电视、广播、报纸）合作，以一种高频、暴力的模式，将营销信息强行灌输给用户，如“恒源祥、羊羊羊”或“过节只收脑白金”等。这种一对多的传播方法，就是所谓的传播思维。

2. 背离社交时代

传播思维确实有着不错的营销价值，但在社交媒体中，如果你还是一味采用传播思维，则会与社交时代相背离。在社交媒体中，每个人都有着极高的自由度，没有人能够限制你发布任何合规的内容，但也没有人能够强制用户关注你的信息。

在大众媒体中，用户总是会被迫观看你的广告——如电视里插播的广告、街道边竖立的招牌。但在社交媒体中，如果你的信息得不到用户的认可，那么，你得到的结果就只有被屏蔽、取关、拉黑。即使你用抽奖活动吸引了大量粉丝，但待结果公布之后，如果只是一味发布广告，那用户也会直接“取关”。

在社交营销领域，有这样一个“励志”故事：有个人在朋友圈做营销，虽然想办法加了许多好友，但开始的时候却完全没人搭理他。但他并没有放弃，在之后的三个月里，他每天坚持上货、拍照、修图、发朋友圈，功夫不负有心人，他“终于”被所有人拉黑了。

3.5.2 投入社交媒体

俗话说：“什么山头唱什么歌。”既然社交时代的到来，让你的营销不得不投身社交媒体，那么，你就应当以社交媒体思维进行思考，用社交语言进行沟通，以社交法则进行运营，而不是简单地将传播思维复制到社交媒体中。

第一步，找到你的“为什么”。

在社交时代，用户最好奇的就是你为什么去做，而不是你做了什么。据调查，社交媒体的用户更倾向于关注目标导向者，也就是有明确目标的社交账号，而不是哪些只想着吸引注意、满足虚荣或追求曝光的人。

因此，你必须找到自己的“为什么”——为什么要使用社交媒体？为什么发布此类信息？是为了推送广告，还是纯粹的段子？无论是为了及时分享，还是为了保持联系，或是为了接触更多的人，你必须让用户知道你的“为什么”，只有如此，才能吸引用户的关注。

比如盛极一时的“冰桶挑战”，挑战本身并无太大意义，但是挑战的背后却是一次公益活动。正是因为这个原因，“冰桶挑战”才会盛行全世界。此时，你如果要借助这个热点话题，你就要让用户明确，你是为了公益，还是为了营销。

第二步，精制你的背景板。

很多人将社交营销看作一种“免费营销”，认为自己只用投入极少的成本，就可以获得极佳的营销效果。然而，在社交媒体思维下，你的账号就代表了你的全部，因此，除非你熟知品牌推广或社交运营，否则，你最好请专业人士帮你进行精制。

第三步，分享优质内容。

你每天发布的信息，都会对现有的关注者产生影响，也可能被他们推送到世界各个角落。遵循社交媒体思维的你，必须以内容为王。不断创造优质的内容，致力于能够增加价值的内容或分享有价值的内容。

事实上，内容是赢得社交时代的最好方法。

正如前文提到的杜蕾斯官方微博一样。在中国，性一直处于一种“可做不可提”的状态，然而，杜蕾斯却成为了微博营销最经典的案例。因为，杜蕾斯在其微博中，始终秉持“先微博、后营销”的原则，努力与用户交朋友，而其切合热点的文案设计速度，也让人们为之惊叹。

第四步，互动。

社交媒体最重要的特性就在于其社交性，你必须与你的粉丝保持良好的交流和互动，而不是“义无反顾”地每日推送。仅靠你自己，创造有价值的内容十分困难，但你可以通过互动带动你的粉丝一起创造。

而这一切都需要以良好的互动为基础。点赞、分享、评论亿级标签、话题等，都是你与粉丝互动的有效方法。但要注意，你必须坚持自己的立场、表达自己的想法，而不是一味地向粉丝献媚。

在网络谣言极多的社交媒体中，当你分享内容时，也要分辨内容的来源和真实性，成为一个合格的谣言粉碎机。只有坚守版权和真实内容，才能让你成为引人入胜、受人尊敬的社交者。

3.6 场景思维

“场景”一词，本是一个影视用语，指在特定时间、空间内发生的行为，或者因人物关系构成的具体画面，是一个通过人物行为表现剧情的特定过程。

如今，在互联网领域，我们却随处能看到“场景”二字，甚至在移动互联网时代，很多人将争夺的重点由流量转移到场景。为何场景如此重要？场景思维又要如何打造？

3.6.1 场景无处不在

在现实生活中，场景无处不在，人们的一切行为都发生在一定的时间、空间内，以及一定的人物关系中，消费行为也同样如此。很多时候，正是某种特定的场景，才触发了用户的某种消费行为。

但在传统商业模式下，场景一直没有得到重视，这是因为，传统的消费场景十分简单，只有商场、杂货店等，后来则延伸到电脑……但在移动互联网时代，尤其是移动支付的发展，使得用户的消费行为发生巨大变化，任何有手机的地方，都可以成为消费场景——虚拟世界与现实世界的高度融合，如图3-8所示。

因此，场景的商业价值也得以体现。在全新的消费习惯下，用户的消费场景也更加碎片化，可能只是在闲聊时、坐公交时、上厕所时，就用手机随手买下某件商品。而在移动社交的传播效应下，也很容易引发朋友圈的跟风购买。

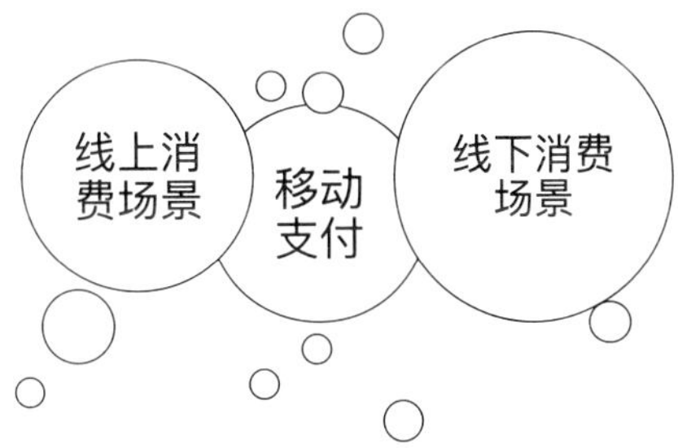

图3-8　场景无处不在

基于大数据、云计算、移动设备、社交媒体、传感器、定位系统等技术，只要你能够换位思考，设计出商家与顾客的交互场景，就能顺利引导用户进入购买、社交、服务等环节，平滑地完成整笔交易。

3.6.2　场景的选择与塑造

场景无处不在，你当然要选择最具价值和最具可塑性的场景作为突破口。

1. 选择场景

如何判断一个场景是否具有传播力和动能？你需要从三个标准进行判断。

首先，场景本身是否有内容，能够让用户产生转发的欲望？

其次，场景设计是否够真实，能够给予用户体验的动力？

最后，场景是否能够形成一种基于亚文化的人格，让人感受到一种亲切感，愿意参与和互动？

所谓亚文化，就是一种次文化或副文化，简单来说就是“非主流”。虽然并非主流文化，但其本身同样具有足够的拥泵，也只有如此才能称为一种“文化”。

就主流文化而言，去电影院就是为了看电影，但有些人将电影院看作约会的场景，电影本身质量并不重要；有些人则将电影院看作获得视觉、听觉享受的场景……同样的场景可能形成不同的文化，针对不同的文化，你的营销策略也应当有所区别。

2. 塑造场景

“原生态”的场景，并不能直接运用于营销，或者说，产生不了应有的效果。因此，在选择好场景之后，你还需要对其进行塑造，为该场景的养成提供支持，如图 3-9 所示。

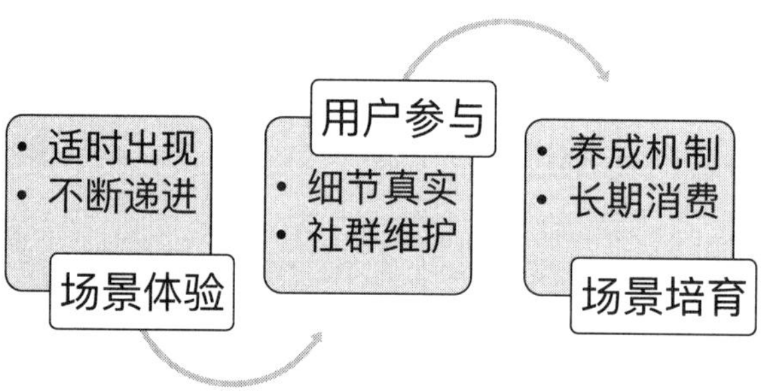

图 3-9 要善于塑造场景

首先，你要准确认识自己的产品，只在用户需要时出现，而不至于引起用户的厌烦。与此同时，你需要不断塑造体验的层次性，在每个环节的递进中，造就场景的真实性。

比如作为约会地点的电影院，在用户观影前，你可以出售爆米花、饮料，观影后出售周边产品，或提供酒吧券、酒店券。

其次，你需要注重体验的细节，只有细节足够真实，才能吸引用户的参与。与此同时，你要时刻洞察用户体验，将用户带入社群当中，在社交关系的相互认可中，带动用户主动参与。

最后，你需要提供一种养成类体验，比如积分制度、集卡活动等，抢占不断前置的消费入口，并将控制权交给用户，从而培育长期消费的场景拥护者。

3. 提升场景

每个场景都有极强的可塑性，而最具用户黏性的场景提升方法，则是基于该场景，依靠多屏联动手段，将PC、智能手机、平板电脑、智能电视等智能终端连接在一起，依靠社群运营，提升社群的内容能力和用户黏性，最终将场景打造为一种亚文化的载体，或演进为一种生活方式。

比如“静吧”，该场景的用户大多是为了休闲聚会，此时，你可以结合德州扑克、杀人游戏等桌游或是投影仪等设备，融入小型聚会、专题发布、微路演等元素，将场景塑造成一种亚文化的载体。

比如计步软件，使用该软件的用户，必然喜爱运动，此时，你的营销重点在于塑造跑步文化，将用户引入“跑友”俱乐部，依靠社会关系确认和社交网络评价，让跑步真正融入用户的生活，将跑步交友打造为一种生活方式。

3.7
缩短消费周期思维

3.7.1 缩短消费周期的红利

在远古时代，消费是一件很简单的事情，以物易物即可。但随着社会经济的不断发展，以物易物已经不适合商业需求，货币的出现，让人们由此进入“一手交钱一手交货”的交易模式。然而，当时间进入21世纪，在互联网时代下，传统的消费模式再次成为商业发展的障碍。

电子商务的发展，尤其是移动电商的发展，让消费者可以随时随地进行消费。而在经济过剩的大背景下，消费者的消费选择也得到前所未有的丰富。如今的消费者，并不愁没得买，只愁买得不好。

因此，搜索、比价，以及付款、收货等环节，都成为影响消费者消费体验的痛点。此时，你就要以缩短消费周期的思维，改善消费者的消费体验。

事实上，缩短消费周期，并不只是为了讨好用户。对于你而言，缩短消费周期同样有百利而无一害。

1. 改善消费者的消费体验

这也是痛点思维和用户至上思维的必然要求。借此，你能够进一步吸引用户，并获得消费者的认可和喜爱，甚至帮助你进行主动推广。

2. 缩短消费者的思考时间

较长的消费周期，会让消费者有更长的思考时间，但事实上，很多消费的产生，都是基于用户的冲动消费。一旦给予用户较长时间进行思考，他们可能就会取消订单，或者发现更实惠的商家或更好的替代品。

3. 提高你的服务频次

对于大多数商家而言，你单位时间内服务的客户是有限的，那么，缩短消费周期，就能增加“产能”。如果你一天只有八个小时的时间，一次只能服务一个客户，那么，如果一个客户的服务时间由一小时缩短至半小时，你的“产能”就能提高一倍。

3.7.2 全方位缩短消费周期

消费者购物的一大顾虑就在于，害怕买到假货或是商品性价比过低。但是在信息大爆炸时代，信息不对称已经很难成为你的盈利点。只要消费者稍加搜索，就能对你的商品有详细的了解。所以，你要善于全方位缩短消费周期，如图 3-10 所示。

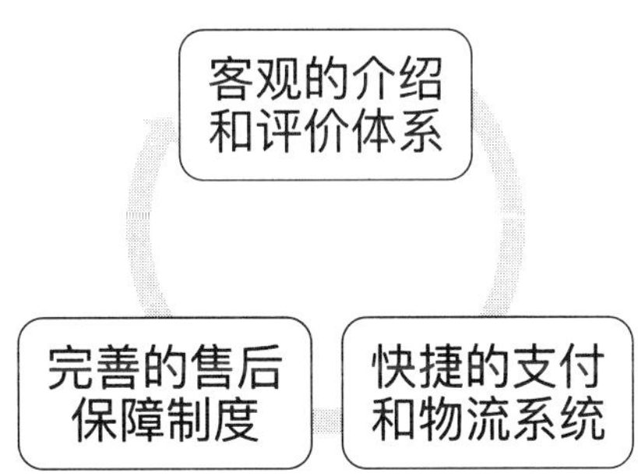

图 3-10　全方位缩短消费周期的措施

1. 客观的介绍和评价体系

在商品介绍中，你不妨直接对商品进行详细、客观的介绍，让消费者对于商品的优缺点都有所了解，并配置全网比价系统，从而减少消费者搜索、比价的麻烦。与此同时，你还要激励消费者对商品进行评价，进一步打消意向客户的顾虑。

2. 快捷的支付和物流系统

支付宝等第三方支付平台的引入，让电子商务的支付变得更加快捷。但消费者对于便捷性的需求是无止境的，因此，一键支付、扫码支付等功能也不断推出。因此，你需要引入时下最热门的支付方式，如支付宝、微信支付、银联在线和网银支付等，让用户能够选择最便捷、最适合的支付方式。

此外，除了各种线上消费、线下体验的 O2O 之外，电商的一大痛点就在于物流。在电商运营中，你的物流应当外包给最优质的快递公司，并合理设置发货频率，从而尽可能地提升物流速度。

3. 完善的售后保障制度

货款两清，并不意味着一笔交易的结束。在交易完成后，你首先要激励消费者给予商品好评，比如好评返现、红包等活动，以此激励消费者给出好评，并吸引其他意向用户。

而对于售后可能发生的各种问题，你也需要建立一套完善的售后保障制度。如今，七天无理由退货，已经成为大多数电商的标配，很多电商甚至推出快速退款、上门退换服务。根据你的商品特性和服务能力，你应该尽力改善消费者的售后体验。

3.8 体验思维

3.8.1 体验要素

在互联网时代，所有从业者都需要每时每刻关注用户体验。任何营销模式或营销思维，如果脱离了体验思维，都不可能赢得用户的认可，这就是用户至上思维中所说的“体验至上”。而在实际运作过程中，你究竟如何以Who-What-How模型提升用户体验呢？这就要从用户体验要素入手。

1. 目标层

首先，你需要确定产品目标：你想要通过这个产品获得什么，是用户量还是营业额？

其次，你需要确定用户需求：你的用户希望通过你的产品得到什么？

你必须对这两个问题有明确清晰的答案，才能在营销过程中确定方向，如图3-11所示。

在制定产品目标时，你要明确何时才算实现目标，这就需要对目标进行一个标准化计量，以注册用户数、活跃用户数、日活跃量、用户停留时间等数据，来确定你的目标。

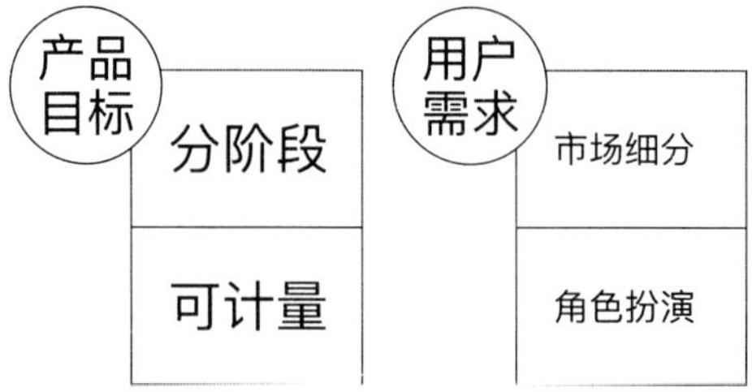

图 3-11　确定目标对营销至关重要

在确定用户需求时，你则需要根据某种关键特征，对用户进行细分。在具体研发过程中，你甚至可以塑造几个典型的虚拟人物，或是让员工扮演该类型用户，来帮助你进行研发。

2. 功能层

你需要根据产品目标和用户需求，对产品功能进行细分，如基本功能、次要功能、体验功能、盈利功能等，并确定功能的优先级。

具体操作过程中，你可以建立两个文档，其一为用户需求，其二为功能说明。前者作为开发目标，为研发设计人员提供方向；后者作为功能描述，方便产品经理据此进行调研。

3. 结构层

在产品的结构设计过程中，你要明白，交互方式决定了你的功能呈现模式，而信息架构决定了你的功能呈现顺序。

在交互方式设计中，你需要尽可能地与用户体验需求相契合。

在信息架构设计中，你则需要简化流程，让用户可以更流畅地使用产品。

4. 布局层

在产品布局中，你需要让用户一眼就看到最重要的内容，并能够快速找到自己需要的内容。为此，你可以从以下三个方面着手。

首先，界面设计。界面是用户使用服务的地方，它提供给用户做某些事的能力，因此，界面设计需要尽可能地简洁。

其次，导航设计。导航赋予了用户去往某个地方的能力，因此，你需要根据内容分类、用户需求等要素，对导航进行科学设置。

最后，信息设计。你的产品通常需要承担推送信息的功能，那么，推送哪些信息，何时推送，如何推送，则是你在信息设计中需要考虑的问题。

3.8.2 快速迭代

迭代本是计算机软件领域的一种算法，是一种不断用变量的旧值推测新值的过程。而在互联网领域，快速迭代则成为体验思维的重要方法论。

在以用户为核心的产品开发和移动营销中，市场允许产品有所不足，在不断地试错过程中，你可以通过持续快速迭代来完善产品。

在互联网时代，用户的需求呈现出碎片化的特征，在前期市场调查中，你很难发现用户的所有需求。但在产品运营过程中，你却可以借助各种机制，以极低的成本获取用户的意见反馈，从而完善产品核心功能，如图3-12所示。

图3-12 快速迭代过程中要抓住用户碎片化需求

此时，你就可以在开发出产品的核心功能之后，就将之推向市场。在用户的参与和反馈中，依靠大数据、云计算等技术，以及扁平化管理带来的快速应变能力，不断对产品的体验要素进行完善，从而时刻紧抓用户需求，不断改善用户体验。

1. 小处着手，细致入微

产品的运营过程，就是一个与用户交互的过程。在此过程中，你可以建立用户评价体系，或成立产品论坛，或开通微博、微信账号，不断采集用户的意见。在用户的参与和反馈中，甚至可以根据用户的需求程度，推出投票机制，让用户决定产品的版本更新方向。

为了刺激用户的参与热情，你还可以推出有奖建议、命名权等刺激制度。如此，你就可以把握住用户的每个需求，从小处着手，细致入微地解决用户体验痛点。

小米在对MIUI系统的改进过程中，经常会与论坛用户进行交流，并对用户提出的每一个意见进行采集和分析，一旦用户需求得到认可，相应功能就会被添加到其下一版本中。而小米每周更新的开发版和不定时发布的稳定版，也满足了不同用户的使用需求。

2. 精益求精，快速迭代

“天下武功，唯快不破”，这已经不是大鱼吃小鱼的时代，而是快鱼吃慢鱼的时代。只有更快地对用户需求做出反应，才能让产品进一步贴近用户。在移动互联网时代，谁能够更快满足用户体验需求，谁就能赢得用户。

当你把握住用户的某个体验痛点，你就要尽快推出相关解决方案，否则，你就无法吸引新用户。一旦竞争对手以更快的速度予以解决，如果你不能很快跟进，你的老用户也会“用脚投票”。体验思维的快速迭代，离不开一个“快”字。

说起快速迭代思维的典范，就不得不提到微信。微信刚刚发布时，只是一个类QQ的通讯APP，相比QQ并无太多优势，甚至还有些简陋。但在短短的4个月间，微信就经历了1.1、1.2、1.3三个小版本的更新，并升级至2.0版本；一年之内，微信迭代44次。如今的微信已经开发至6.3.5版本，并成为移动社交时代当之无愧的霸主。

3.9 口碑思维

互联网时代是信息大爆炸的时代，徜徉在互联网的海洋中，信息流如瀚海波涛汹涌而至，其速度之快、数量之多往往让人目不暇接。昨天可能还都在刷“叶良辰”，今天再说，可能就已经显得落伍。

在琳琅满目的信息海洋中，你如何才能脱颖而出，而不是湮没于信息海洋，需要依靠口碑思维，让用户的口碑为你开路。

3.9.1 评价与晒图

产品好，谁说了算？你说了不算，用户说了才算，并且只有买过的用户才有话语权。

在消费过程中，对于商家的“王婆卖瓜”，用户通常抱以怀疑的态度。但如果其他买过“瓜”的消费者，说这个“瓜”确实好，那么，自然可以形成口碑，让你得到更多用户的认可。

如今，各种电商平台都存在评价系统，其目的正是通过消费者的评价，让其他消费者安心。在此基础上，评价与晒图的结合，更能增加评价的真实性，从而赢得用户的信任。因此，在口碑思维下，你必须采取各种手段，鼓励消费者评价并晒图。

1. 激励用户好评

有些消费者会在消费之后，主动对此进行评价，但这样的消费者并不多。因此，你需要给予消费者一些刺激，激励消费者进行评价。此间，由于文字好评和晒图好评的作用不同，你的激励措施也可以区别对待。

首先，返现。返现是最常见的激励措施，根据消费者的消费金额，你可以做出一定比例的好评返现，并给予晒图好评更高比例的返现额度。图 3-13 是淘宝的好评返现宣传单。

图 3-13　淘宝的好评返现宣传单

其次，红包。返现需要你付出大量不可回收的成本，但红包则不同。与返现的形式相同，你可以给予消费者好评红包，供消费者下次消费时使用。

2. 制定好评规则

“刷好评”这一作弊行为，使得很多好评无法得到用户的认可，尤其是简单的好评更是如此。因此，在激励消费者给予好评时，也要制定一定的规则。

对于文字好评，你最好制定15字以上的规则。如此一来，用户不会简单复制别人的评价，为了凑足15字，消费者的好评也更“有料”。

对于晒图评价，你可以制定图片数量和质量的相关规则。一张图片已经足以证明评价的真实性，但晒图数量当然越多越好。然而，有些低质量的晒图不仅不会提升口碑，反而会成为“黑料”，因此，对于图片的质量，你也要做出限制，甚至是付出一定的代价要求消费者删除低质量图片。

3.9.2 负面口碑处理

在互联网时代，口碑几乎意味着一切。然而，“好事不出门，坏事行千里”的效应，在信息大爆炸时代，也被无限放大。可能你努力推广正面品牌，却收效甚微，而一个简单的负面新闻，却会迅速被曝光，甚至传播至互联网的每一个角落。

因此，在口碑思维下，正面口碑的营造确实重要，但负面口碑的处理同样需要重视。你必须时刻关注各大平台的相关信息，一旦出现负面信息，就要及时处理。为此，你最好成立专门的口碑部门。

1. 辨别信息真伪

在激烈的市场竞争中，恶意差评、网络谣言等口碑竞争行为时常发生，因此，面对负面口碑信息，你首先需要辨别该信息的真伪。

2. 严肃处理恶意差评

针对恶意差评或网络谣言，你需要严肃处理，但也要注意方法。

首先，与对方进行交涉，确定对方是有意为之，还是误会造成。

其次，对于误会导致的差评，你需要耐心做出私下以及公开的解释声明，解除误会，并请求对方删除差评。

最后，对于有意差评和恶意造谣，你则要严肃要求对方删除，如果对方坚决不删除，或造成重大影响，你可以通过法律手段维护自身权益。

3. 及时处理真实差评

如果用户的差评确有其事，你则需要及时处理，而不能置之不理，以免对自身口碑造成恶劣影响。及时处理差评的措施如图 3-14 所示。

在情侣吵架时，女方生气，男方道歉时，通常都是“三板斧”：对不起，我错了，再也不会了。在处理负面口碑时，你同样可以采用这样的“套路”。

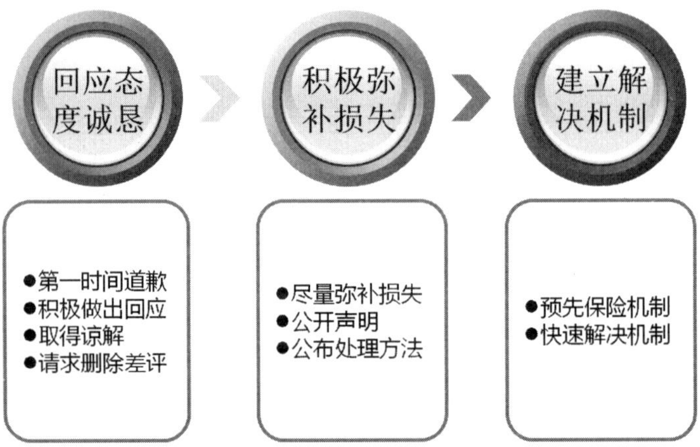

图 3-14 及时处理差评的措施

首先，回应态度诚恳。在遇到真实差评时，你必须第一时间向用户道歉，以诚恳的态度做出回应。在积极获取用户谅解的同时，尽量在私下解决，并请求对方删除差评。

其次，积极弥补损失。对于用户的损失，你必须尽量弥补，而不是让致歉停留在口头上。如果用户坚决不删除差评，或已经造成重大影响，你则需要公开说明，正视错误，并公布你的处理方法。

最后，建立解决机制。在负面信息出现之前，你就需要建立“保险机制”，让用户能够借助该机制简单解决问题，而非直接给予差评；而在负面信息出现之后，你则需要建立相应的解决机制，避免类似的错误发生。

互联网信息的快速传播，使得2016年的“3·15晚会”，对饿了么的口碑造成了极为恶劣的影响。在央视曝光饿了么的“黑作坊”问题之后，饿了么迅速发布公告做出回应，并推出七大解决机制，以保证平台商家的质量，维护消费者的权益。

3.9.3 社群口碑

在移动社交时代，粉丝与社群已经成为营销的重要阵地。而基于社群本身的属性，社群口碑也具备更强的传播力，合理运作社群口碑，甚至能够形成极强的生产力。

1. 信任传播

社群内部的用户，通常已经形成一定的社交关系。相比于陌生人的口碑，用户更加信任社群口碑的真实性，而不会产生“刷评价”的怀疑。因此，在社群运营中，你就要利用社群内部的这种信任关系，以信任传播的方式，真实地营造你的社群口碑，赢得社群的认可，实现辐射性传播。

2. 兴趣传播

所谓“物以类聚，人以群分”，既然能够形成一个社群，社群内部的用户也必然有着某种共同点，而他们还会和外部社群产生互动。利用这种共同点，你只要得到某一人的认可，就能形成“滚雪球”式的传播，迅速获取大量类似用户的关注。

2016年春节档最受关注的电影，无疑周星驰执导的《美人鱼》。在上映19天之内，这部电影便相继打破多个票房纪录，最终创造34亿元的票房纪录。《美人鱼》的成功正是利用社群口碑，聚拢“星爷”的粉丝、喜剧片的粉丝，形成快速传播。

3.10 流量与内容思维

3.10.1 流量为王

从PC互联网时代，“流量为王”的说法就一直流传，尤其是在电商“横行”之后，越来越多的传统企业开始认识到流量的重要性。

何为流量?

杂货店之所以开在小区与街角，是因为这里人流量最多；商场之所以都开在市中心，是因为这里人流量最热；而在电商时代，伴随着人们都聚集于网络中，流量也转移至线上。而你要做的，就是从互联网中，占据更多、更热的流量入口，挖掘更多的流量。

到了移动互联网时代，很多人开始忽略流量，将爆品、社交、场景等要素摆在更重要的地位，认为流量思维已经落伍。然而，对于任何互联网企业而言，无论是在PC互联网还是移动互联网，流量都是你的生命之源。

相较于PC互联网，移动营销确实有着很大的区别，但以流量盈利的核心仍然未变，区别只在于如何获取更多、更热、更有效的“新流量”。

伴随着移动互联网时代的到来，消费者的主权意识开始觉醒，传统的互联网营销方式，也难以在移动营销时代有效引导流量。因此，你首先要认识全新的SOLOMOME消费群，才能做到有针对性的引导流量。

第一，社交消费群（Social consumers）。如今的消费者不再是孤独的个体，借助于互联网和移动互联网中的社交网络，消费者的力量正在不断壮大，并交互形成新的强大力量。此时，在信息的高速广泛流通中，相比于社交消费群，作为商家或营销者的你，成为了事实上的弱者，想要引导流量，就不能有一点疏忽。

有一位母亲在微博上发了一句“我买的帮宝适发霉了”，很快，又有一个妈妈回复道：“我上次买的帮宝适，里面还有只臭虫。”于是，这样的消息在微博里快速传播，消费者开始担忧帮宝适的质量问题。随之而来的，则是宝洁公司当月的业绩下滑。

第二，本地消费群（Local consumers）。在互联网带来的“思想解放”中，在全球经济过剩的大背景下，共享经济开始走热。此时，本地消费者开始互帮互助，在资源的共享中，需求者能够以更低的成本获取资源，供给者也能够凭借过剩资源获取利益。面对本地消费群，你不妨成为他们的中介，帮助他们进行供需匹配。

第三，移动消费群（Mobile consumers）。2015 年，我国移动互联网用户数量已经突破 9.5 亿。传统的电商客户大批转移至移动端，他们习惯于随时随地的便捷消费，如果你无法满足他们这种消费需求，你就会在他们的视野中消失。

第四，个性消费群（Me consumers）。此类消费群的消费需求极具个性化特征，想要批量满足此类消费者的需求，具有极大的难度。然而，也正是因此，如果你能得到此类消费群的认可，你就能获得更高的利润率。

3.10.2　内容为王

有人说，现在的人都不会读书，确实，静下心来捧着一本纸质书阅读，在如今十分少见；然而，阅读在时下却越发普遍，碎片化的阅读改变了人们获取信息的方式，也让内容在移动互联网时代，真正为王。

在市场营销的不断发展中，尤其是传统媒体时代，内容为王一直被人提及，但更多的人却愿意相信“渠道为王”。为什么？因为相比于原创高质量的内容，开拓渠道实在是再轻松不过了。

但在移动互联网时代，当每个人都在阅读，每个人都在各种各样的平台上阅读，渠道在时下的意义同样存在，但内容才是基石。只有当高质量的内容被投放到多渠道中时，才能发挥最大的效益。

事实上，一篇高质量的文章，无论你发表在哪个平台上，都会迅速被转载到其他平台，因为高质量意味着高阅读量，而一般人原创不出这样的内容。

那么，你如何做到真正的内容为王？图3-15给出了内容为王的几个要素。

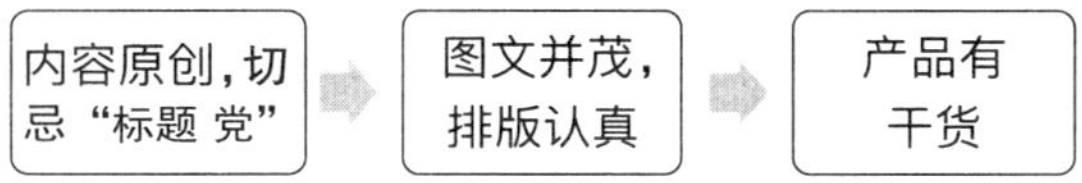

图3-15　内容为王需要的要素

1. 内容原创，切忌“标题党”

在移动营销中，你可以转载或评论别人的内容，但吸引流量的关键，仍然在于你的原创内容。只有原创内容，才能体现你的价值，也只有原创内容，才能在大量的转载中，覆盖更多的平台。

原创内容的创作，确实需要耗费极大的精力。因此，如今有很多人采取了一种投机取巧的方法——原创标题，也就是所谓的“标题党”。由于没有高质量的内容，因此，有些人会以诱人的标题吸引用户的点击，但内容上却言之无物。

在内容为王的时代，好的标题是必需的，但无内容支撑的好标题，或许偶尔会成功引流，但最终只会引起用户的反感，甚至会损坏你辛苦塑造的形象。

2. 图文并茂，排版认真

移动互联网时代，让消费者的阅读习惯越发碎片化，也让消费者变得更加懒惰。他们越发不喜欢纯文字的内容，因为那样“读起来太累”。因此，在编辑内容时，你需要插入大量的图片，做到图文并茂，甚至是以漫画的形式表现内容。

在文字排版中，你也需要注意文字内容的简洁干练，大篇幅的啰嗦，只会让消费者失去耐心。

3. 产品有干货

内容为王，并不仅仅体现在你的营销内容上，产品作为营销的核心，其实是最重要的内容。如果你的产品没有干货，只是噱头和概念的融合，那辛苦引来的庞大流量，也不会转化为真正的消费者。而要做到这一点，则离不开爆品思维、用户思维、场景思维、体验思维的支撑。

3.11 公关思维

在营销界，公关是不得不提的一个重要环节。公关与广告究竟孰轻孰重，一直是一个引发争论的话题。2004 年，“全球定位之父”阿尔·里斯发表著作《公关第一，广告第二》；十年之后，广告非但未死，其营业额反而达到公关的十倍，《公关已死，广告重生》等文章也为公关唱起“挽歌”。

事实上，作为营销的重要组成部分，广告与公关相辅相成。而在移动互联网时代，公关与广告之间的边界也逐渐模糊。那么，在移动营销时代，公关思维究竟要如何打造？

3.11.1 公关并非简单的媒体关系

媒体是企业公关传递信息的重要桥梁，一直以来，公关的主要职责似乎就在于构建媒体关系，借助电视、报纸、广播、互联网等媒体，扩大公关的宣传，将公关活动信息、企业的理念和价值，传递给公众。

失去了媒体，企业的公关信息就难以有效传递给公众，公关的意义也就无法显现。因此，公关表现出极强的媒体传递性，但你不能因此而本末倒置。

公关的全称是公共关系，其职责在于维护企业与公众的关系，而媒体则只是其中的桥梁。如果你把公共关系单纯地理解为媒体关系，那必然会陷入“公关已死”的境地。

事实上，之所以“公关已死”甚嚣尘上，正是因为当公关人员将“媒体覆盖”作为最终目标时，你会无力地发现，在移动互联网时代，实现这个最终目标的可能性几乎为零。传统媒体、网络媒体、社交媒体……每个分类下有着太多的媒体渠道，你要如何去整合呢?

因此，要建立移动营销时代的公关思维，你首先就要明白，公关并非简单地构建媒体关系，而在于维护公共关系。只有如此，你才不会迷失在媒体丛生的移动互联网时代。

3.11.2 公开原则

移动营销的公关切忌神秘化。很多传统企业习惯遮掩，甚至是提供虚假信息，从而弱化负面信息的影响。然而，在移动互联网时代，信息的高效传播让你“无所遁形”，如此一来，与其隐瞒，不如开诚布公、客观公正地报道事实的真相。

当然，在公开原则之前，还有企业的保密制度。对于企业的机密信息，你要注意公开的范围、时机和人员，以免损害企业本身利益。

3.11.3 准确原则

在开诚布公的同时，你还需要注意信息的准确、全面、及时。任何一条与事实不符的信息，都可能影响到你的公关效果，甚至直接导致公关的失败。句斟字酌是每一个公关人员的必备素养，即使是一个形容词的错用，都可能被你的竞争对手利用。

因此，在公关中，你必须尽可能地掌握多方面、多角度、多类型、多层次的信息，并对之进行归纳、整理、分析、判断，在确认信息准确可靠之前，切忌发布任何定论式的信息。

3.11.4 责任原则

公关是公共关系，是企业对社会和公众的一种承诺和责任，因此，在公关过程中，你必须坚持责任原则，而你的责任分为三个方面。

对企业，企业是为社会和公众创造利益的组织，你需要为企业的任何行为负责，而不能在企业内部“踢皮球”，更不能将责任推到公众身上。

对公众，企业必须以公众利益为重，公众是企业的衣食父母，你必须对公众负责，保证企业的产品和服务，以及你的公关信息是可信赖的。

对媒体，媒体是公关的重要桥梁，作为公关的重要伙伴，你必须对媒体负责，保证你交给媒体的信息是真实、可靠的，以免媒体受到虚假信息的拖累。

3.11.5 适度原则

公关是为了维护公众关系，但是也要注意“度”的问题，凡事量力而行，切忌勉为其难。

首先，决策适度。公关并非适用于任何时间和市场环境，在做公关决策时，你要着眼于企业的整体利益和长远利益，斟酌衡量各种信息，从而做出正确的决策。

其次，执行适度。你的公关决策方案必须可行，而对于可行性的分析，并非仅从企业自身考虑，你必须考量多种因素，包括公众、媒体的接受程度。尤其是在危机公关中，很难有一个方案做到十全十美，因此，在执行过程中，你要权衡好利弊得失。

最后，执行灵活。计划往往赶不上变化，在公关过程中，可能出现各种偶然因素，这种可能性并不低。因此，在决策和执行之时，你就要做好各种备选方案，在遇到突发情况时，也要发挥自身的应变能力。

只有可行的决策方案，才能指导公关的正确执行；只有应变的公关能力，才能实现公关的预期效果。

第 4 章

移动营销的六种模式

4.1 娱乐营销

在信息大爆炸的年代，人们拥有太多获取信息的渠道。此时，惯于以更多信息占据高位的企业，也开始走下“神坛”。如今，如果你还要坚持高高在上的形象，那只会得到用户的嗤之以鼻。那么，新时代的你如何走进“平民世界”呢？

互联网时代以及移动互联网时代的到来，改变了公众话语的内容和意义，无论是政治、宗教，还是教育或其他公共事务领域的内容，都不可避免地进驻互联网平台。而到了互联网的“山头”，这些内容也必须学着唱互联网的“歌”。

互联网的“歌”到底是怎样的？

早在20世纪后半叶，尼尔·波兹曼就以“娱乐至死”形容人们迎来的新时代。到如今，“娱乐至死”的形容也更加贴切。在这个万事皆可娱乐化的年代，营销如果不能走向娱乐，你如果不会娱乐营销，用户也会因为无趣而远离。

4.1.1 娱乐营销的关键点——愉悦

娱乐营销，就是“借助娱乐的元素或形式将产品与客户的情感建立联系，从而达到销售产品，建立忠诚客户的目的的营销方式。”从本质上来看，娱乐营销事实上是一种感性营销，它是通过与用户的感性共鸣，将用户转化为消费者。

由此来看，由于中国传统文化的含蓄，娱乐营销也是更适合中国市场的一种营销方式。而想要利用娱乐营销的感性共鸣，你就需要抓住娱乐营销的关键点——愉悦。只有让用户因为你的营销感到愉悦，你的娱乐营销才能成功。

在娱乐营销中，要给予用户愉悦的快感，就要坚持“用户喜欢 = 营销方向”。只要用户喜欢，你就要将之作为营销方向，尝试与自己的产品和服务相结合。

从这点上来看，在这个“娱乐至死”的年代，所有的行业都是娱乐业。娱乐业是如何运作的呢？

用户喜欢哪个明星，就聘请该明星做主演、做代言；

用户喜欢哪种故事，就快速地大量生产该类影视歌作品；

用户喜欢哪类风格，就以此种风格打造各种产品；

……

让用户感到愉悦，让用户不断感到愉悦，在这种不间断的满足中，用户也会把你看作一部大片、一本杂文，以最大的兴趣，成为你最忠实的用户。

“21 世纪最伟大的科技公司是哪家？”大多数都会异口同声地回答——苹果。且不谈苹果是否称得上“最伟大”，且论苹果真的是一家科技公司吗？iPod、iPhone、iPad……苹果的各种产品，首先满足的都是同一种市场需求——娱乐。正是通过给予用户愉悦，乔布斯才得以建立起这样一个娱乐科技帝国。

4.1.2 创意与互动

相比于其他营销方式，娱乐营销最大的特点就在于实体、媒体、用户三位一体的创意和互动性。

1. 创意

无论从娱乐主题还是运作方式上看，娱乐营销都极为强调创意，也只有创意才能激发用户的好奇心和参与意识，如图 4-1 所示。

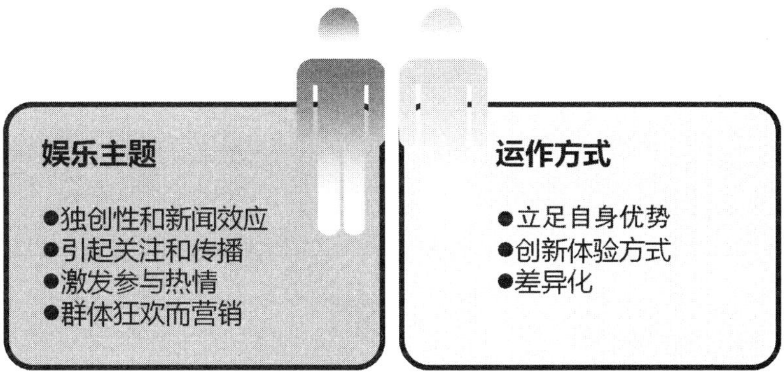

图 4-1　娱乐营销要注重创意

首先，在娱乐主题上，你需要具有独创性和新闻效应。在娱乐营销的创意中，你无需考虑设计的实用性，重点只在于能否引起用户的关注和传播。

征集活动是最佳的创意娱乐营销，各种趣味主题的文案、图片、视频的征集活动，能够激发用户的参与热情。在让用户帮你创作内容的同时，也能够激发“围观党”的好奇心，他们或许不会创作，但他们会关注、分享，将你的主题活动带到更多人的视野中。在用户的群体狂欢中，实现娱乐营销的目的。

其次，在运作方式上，立足于自身资源优势，你可以不断创造新的体验方式来吸引大众的注意力。每个企业都有相对优势的资源，因此要懂得差异化，切忌东施效颦。别人有明星，你有技术；别人有历史，你有朝气；别人有钱任性，你也能够“哭穷”博眼球……

2. 互动

营销早已不是一个人的独角戏，娱乐营销更是如此。想要与用户建立情感联系，最好的方式就是互动。你要习惯于将选择权交给用户，问问用户："你们喜欢什么服务？什么产品？哪个明星？何种文化？"用户喜欢什么，你就给他们什么。

互动能够让你的娱乐营销走向成功，也更容易成功。在互动中，学会让用户教你怎么做，并在坚守自身立场的同时，尽力满足用户的需求，就能最轻松地让风险最小化。

4.1.3 明星效应

既然所有行业，都是娱乐业。那么，作为娱乐业的核心，明星在"娱乐至死"的时代，当然也不会失去光环。娱乐营销最直接也最高效的方法，就是利用明星效应。

明确你的产品定位，找到你的目标用户群，挖掘他们的共性和偏好，聘用相应类型的明星代言，或是打造出相应类型的明星——这就是娱乐营销的明星效应法则。

想要发挥明星效应，切忌唯热度论。很多人的明星选择很简单，"谁最火，我就选谁"。因此，我们经常看到一个明星大热时，遍地都是他的代言，甚至囊括化妆品、房地产、金融公司、互联网企业、制造业等多种行业。

但这种粗犷的代言选择方式，不仅耗费大量的成本，还可能模糊你的品牌定位，甚至引起用户的审美疲劳。当你的明星风格与你的品牌脱节时，你耗费的高昂代言费，也将打水漂。而相契合的品牌和明星，则会为双方带来共赢。

最典型的例子就是动感地带。在周杰伦刚刚出道时，中国移动在福建举办了“飞越100万·动感地带——周杰伦巨星演唱会”，在周杰伦的激情演出中，3.5万歌迷为之沉迷。而在演唱会之后，仅厦门一地，动感地带的新增用户就迅速增加两成。借助年轻、个性、酷炫的周杰伦的明星效应，中国移动成功打造出最受年轻人喜爱的动感地带，周杰伦也由此成为一代人的记忆。

4.2 病毒式营销

互联网时代的到来，为普通用户带来了让人头疼的病毒，却为营销界带来了让人欢呼的病毒式营销。

通过自我复制的方式，病毒会通过互联网、局域网，感染大量用户的计算机。而在病毒式营销中，营销人士则可以借助用户的主动传播，真正吃上免费的午餐，以最低的成本获取最显著的传播效果。

病毒式营销的概念最早由任天堂社长山内博提出，指一些优秀作品在发售最初，虽然不为世人瞩目，但随着时间的推移，因为玩家的不俗口碑，这些优秀作品却迅速走红，获得商家意料之外的效果。也就是说，基于有价值的产品或服务带来的优质体验，用户会主动为你宣传，达到“零成本”的病毒式传播，病毒式营销的要素如图4-2所示。

图 4-2　病毒式营销的要素

基于互联网的信息快速传播效应，病毒式营销也由此成为现实，并受到营销界的追捧。那么，如何玩转病毒式营销呢？

4.2.1　巧做“病原体”

“天下没有免费的午餐”，任何信息的传播都必然需要付出相应的成本。但为何说病毒式营销是“零成本”的呢？这是因为基于强烈参与和传播热情的用户会主动参与到后续的传播中，此时，除去开始的传播成本之外，后续的成本都转嫁到了用户身上，因此，对于商家而言，病毒式营销几乎是一种“零成本”的营销方式。

你要刺激用户的主动参与和传播，关键就在于创造诱人的“病原体”，如图 4-3 所示。正如病毒传播一样，一个强大的病原体能够自行复制传播，而在病毒式营销中，作为第一传播者，你传递给用户的信息自然不能是赤裸裸的硬广，而是经过加工的、很好玩的或有价值的信息，这样，用户才会基于某种快感，主动进行传播。

图 4-3　病毒式营销要创造强大的“病原体”

1. 选对形式

在移动智能终端与4G、WiFi网络不断普及的今天，文字、图片、视频都是你可以选择的有效病原体形式。根据营销需求和平台风格，你可以选择相应的形式。一般而言，简洁、幽默的图文是最好的病原体形式。

2. 立意新颖

用户之所以愿意主动传播你的信息，必然是因为你的信息新鲜有趣，或是能够体现他的品味，要做到这一点，就需要以新颖的立意征服用户。你的立意最好能够与“接力”相结合，让用户在“接力”的乐趣中，帮助你快速传播。

3. 通俗上口

大多数“病原体”都需要为之创作slogen（广告语），此时，你一定要采用简洁明了、通俗上口的语言，方便用户记忆，并依靠独特的记忆点成为流行语，甚至是在再创作中，超越其本身的意义，并被广泛运用。

耐克的“Just Do It”本就是人们日常使用的短语，但在耐克的文化阐释中，这句日常用语拥有了丰富的耐克色彩。只要说起这句话，人们想起的就是耐克；想要说类似语句时，用户也会下意识地选择这句。

4. 艺术感染

基于本身定位，有些产品或服务则不适合使用通俗的“病原体”。比如一些艺术性、专业性较强的产品，则需要在“病原体”中注入更多的艺术和专业细胞，从而引起用户情感上的共鸣，或是塑造自身的专业权威性。

4.2.2 巧发“病原体”

当“病原体”制造完成，你就要发布出去，让其快速传播。此时，你则要选择在最合适的平台上，以最恰当的时机，让最有效的人去发布。

首先，对于“病原体”的发布而言，社交网络是通用型的发布平台，大众的微信、微博，专业的知乎，文艺的豆瓣，以及唱吧、陌陌、秒拍等平台，几乎满足了各种类型的“病原体”的传播需求，如图 4-4 所示。

其次，“病原体”的发布时机要与营销主题相契合，你可以从各种各样的节日中进行选择，也可以挖掘出某个日期的独特意义，或是借势某个热点话题……总而言之，抓住某个时机，让市场舆论成为你的营销助力。

最后，在社交网络中，最有效的发布人就是自媒体，也就是所谓的“大V”“网红”，你可以用官方账号发布权威信息，并将“病原体”交到风格对应的自媒体手中，借助他们的影响力和“独立性”，取信用户并快速辐射。

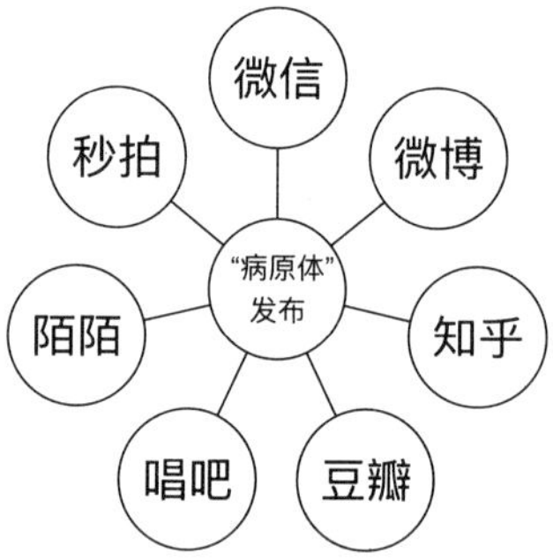

图 4-4 病毒式营销“病原体”发布平台

“病原体”的传播并不是无差别地传播给每个人，而是要根据“物以类聚”的群体效应，实现“滚雪球”式的精准传播。因此，借助有影响力的对应自媒体，你的病毒传播首先就有了方向；良好的时机则为它的快速传播，营造了合适的环境；最终，基于人际关系、社群效应的“滚雪球”式传播，则能够让你的“病原体”尽可能地传播到你的目标用户视野中。

4.2.3 监测“病原体”

病毒式营销是基于用户的主动传播，但并不意味着，你发布“病原体”之后，就可以“守株待兔”，还需要对病毒式营销过程进行监测，其流程如图 4-5 所示。

首先，嵌入代码。在“病原体”的设计中，你要根据不同的发布方式，嵌入不同的代码，从而在后期测试中，获悉每种发布方式的具体效益，并据此进行改善。

其次，引导传播。“病原体”的传播，往往会因为某个环节的失误，而“误入歧途”。此时，你要对此进行适当的引导，让其继续发挥效用，而非自此偃旗息鼓。

图 4-5 病毒式营销过程监测流程

最后，实时改造。对于“病原体”的传播而言，时机十分重要。但在瞬息万变的移动互联网市场中，即使是半天的时间，都有可能导致平台舆论的变向。因此，在后续传播过程中，你还需要根据具体情况，对“病原体”进行实时改造。

4.3 植入式营销

经济发展得越快，媒体渠道就越多，营销也就变得越发困难。仅以国内电视媒介为例，1978年时，全国只有32家电视台，而在改革开放30年后的2008年，全国电视台数量超过500家，电视频道数量更是超过3000个。

此时，在广告主大力投入电视广告时，很多人也笑称："如今，不再是电视节目插播广告了，而是广告节目插播电视……"与其逼着用户换台、取关、拉黑，你不如采取植入式营销的方法，将广告融入到内容中，让你的广告被用户接受。

4.3.1 内容植入

在社交网络创造的自媒体时代，流传着大量的"段子"，这些或搞笑、或励志的信息，有着极为广泛的流传度。你可以将自己的广告信息植入到这些段子中，最重要的是弱化内容的广告色彩。

在内容植入中，你要切记，内容的主要目的仍然在于愉悦用户，广告只是附属。段子的内容可能会涉及各种产品或服务，你可以十分随意地将自身产品植入进去，切勿为了广告而广告。

2016 年，搜狗号码通 4.0 发布之际，社会上曾经盛传着这样一个三段式段子：首先，是一段文字："接到一个电话，告诉我中奖了，我说你是骗子，挂掉了电话。"之后，则是一张短信截图，骗子问"你怎么知道我是骗子"，回答是"你的号码被标记了"。最后，又是一张短信截图，骗子问"是系统标记还是搜狗标记"，回答是"无可奉告"。如此一来，搜狗号码通的标记功能就被融入到了段子之中。

4.3.2 影视植入

在植入式营销中，影视植入十分盛行。影视作品表现生活的属性，决定了它可以包容各种植入式广告。尤其是在中国影视市场高速发展的今天，你可以将自己的产品融入到各种影视作品中。

找到最合适的影视作品，并不露痕迹地将产品植入进去，是最佳的影视植入方式。最有效的植入方式，无需演员说出相关台词，也无需给予产品太多的特写，只要你的产品能够真正契合剧情，即使你的Logo只是一闪而过，观众也会记住。

《变形金刚》是全球最卖座的电影系列之一，在《变形金刚3》中，植入了大量的国产广告，包括美特斯·邦威MTEE系列T恤、伊利舒化奶、TCL的3D电视和联想ThinkPad笔记本。而其中最容易被观众记住的，反而是一闪而过的"Lenovo"，变形成小机器人的联想电脑，无疑最为酷炫。

国内最经典的影视植入营销则是《海尔兄弟》，在这部动漫作品中，几乎未曾出现海尔的任何产品，但作为主角的海尔兄弟，却让处于初创期的海尔品牌，名扬国内市场。

4.3.3 游戏植入

对于某些特殊产品，游戏植入同样是一种有效的植入式营销方法。在这个"娱乐至死"的年代，2015年中国游戏市场规模已达1420亿元，网游、页游、手游、单机游戏……各种各样的游戏，满足了各种各样玩家的需求，你也可以将广告植入其中。

在游戏植入时，你可以对游戏道具进行定制化，一般而言，你可以采用道具命名、产品植入、整合营销等植入方式。你需要对不同游戏的主流玩家进行研究，找到最合适的植入策略，吸引玩家用户。

在风靡一时的"抢车位"游戏中，充斥着各种各样的汽车品牌，玩家在游戏的同时，也对这些品牌及其定位有所认识，如图 4-6 所示。

在时下最火爆的《英雄联盟》游戏中，Intel 对许多道具进行了命名，招商银行则联合《英雄联盟》推出主题信用卡。

图 4-6　抢车位游戏中植入汽车品牌

4.4 活动营销

营销人士都十分了解活动营销的有效性，但在活动营销遍布的今天，我们也无奈地发现，各地展台、各种征集、各类分享与抽奖活动，都已经很难吸引到足够的眼球。在移动营销时代，我们如何让活动营销焕发新生？

4.4.1 活动策划原则

活动策略是活动营销的关键，只有好的活动，才能激发活动营销的效果。

1. 动之以情

这是一个讲究“情怀”的年代，若非拥有足够的情怀支撑，你的产品就无法取得高附加值，你的活动，也不可能得到广泛的主动传播。

2. 晓之以理

你需要一个足以支撑用户主动参与的理由，这就需要你能够挖掘用户的需求痛点。告诉用户，在你的活动中，他们可以找到需求痛点的解决方案。

3. 诱之以利

没有利益驱动的活动是不完美的，因此，任何营销活动都应当融入“促销”的内容，让用户通过参与你的活动，能够获得一定的利益。但这一点也要做到适度，以免让用户质疑或让自己亏损。

4.4.2 跨屏活动

在移动互联网时代，用户可以从各种设备获取信息，此时，你的营销活动也要尽可能地实现跨屏，PC、智能手机、平板电脑、可穿戴设备、智能家居……通过对各种设备进行有效整合，增加活动的趣味性和参与度，如图4-7所示。

在用户的众多硬件中，每种设备都能够产生不同的营销效果，即使移动营销日渐火热，但其他终端同样不能被忽视。在活动营销中，你需要找到最适合你的活动的载体，并努力实现跨屏，给予用户多屏体验。

图 4-7 跨屏活动增加趣味性和参与度

最重要的是，无论你的初始活动在于线上还是线下，你都要推出二维码，并鼓励用户扫码，让你的活动进入用户的移动终端，尤其是智能手机中。

4.5 事件营销

在移动营销中，如果说有一种营销模式性价比最高、效果显现最快，那无疑就是事件营销。从事件营销兴起之初，这种集新闻效应、广告效应、公关效果和形象传播为一体的营销模式，就引起了营销界和公众的广泛关注和议论。

然而，如其他营销模式一样，互联网的迅速发展，让用户对各种营销模式都有了极高的“免疫性”，其效果开始衰弱，稍瞬即逝的少量曝光，已经难以满足广告主的需求。

4.5.1 借势事件营销

最简单的事件营销模式，无疑是借势事件营销。借助已经形成的某一热点事件，你可以顺势营销，无需耗费精力制造事件，却能获得不错的效果。

1. 参与事件

作为营销人，在事件发生之后，你可以直接参与到事件当中，抓住事件的某个关键词，将你的营销信息与事件相结合，并贴上该事件话题，从而借势推广。如果你的营销信息足够出色，其效果甚至会超越事件本身。

2. 整合事件

移动社交时代的信息是碎片化的，在 140 字的短信息中，用户往往很难了解一个事件的全貌，只有在不断的搜索和刷新中，用户才能获知事件全部。为了便于用户详细了解事件以及相关信息，你可以对事件或者类似事件进行整合。立足于纯粹的媒体角色，以全面、详细的介绍吸引用户的关注。

此时，如果热点与营销信息契合度较高，你也可以不露痕迹地进行植入。

4.5.2 制造事件营销

想要真正掌控整个事件，并有针对性地借此推送某个营销信息，你就需要主动制造事件，进行事件营销。策划事件营销如图 4-8 所示。

1. 制定推广逻辑

在事件营销的制作中，你需要制定推广逻辑，运用话题炒作的方式，以更加隐蔽的操作，让用户在主动了解中，接触你的营销信息。

举个典型的推广逻辑例子：最近某条街道很吵→为何吵→原来这里要拆迁→为何拆迁→因为根据规划，五年内这里要建成本地最大商圈→这里的房产要增值→买房投资。

2. 设计事件内容

有了推广逻辑之后，你就要开始据此设计事件内容。在一个事件当中，必然要有人物和场景，你需要塑造更加符合实际的人物，讲述具有冲突性、戏剧性、趣味性的故事。

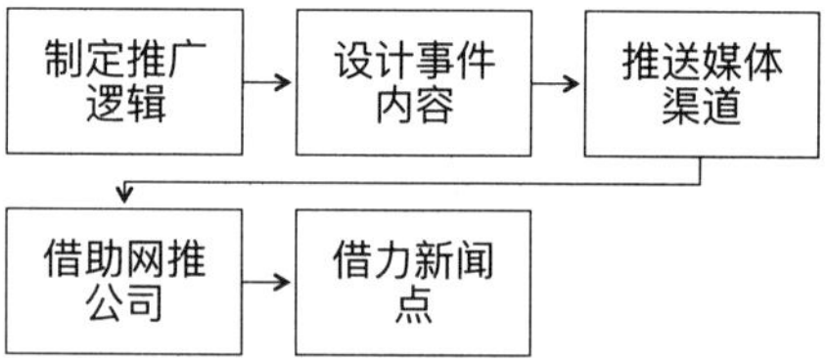

图 4-8　事件营销要善于策划

故事是事件营销的核心部分，一个曲折委婉的故事，能够在初期迅速获得巨大的关注，并隐藏你的营销意图。事实上，一个话题的劲爆程度，也决定了你的事件营销的生存期。

2014 年年底，“人生总有起落，精神终可传承”的流行语盛传网络，其描述的就是曾经的“烟王”褚时健。“85 年跌宕人生，75 岁再次创业，耕耘十载，结出 24000 万累累橙果。”褚时健的故事，是“褚橙”成功的关键。

3. 推送媒体渠道

设计好故事内容，你就可以将之推送到媒体渠道。对于不同的产品服务、不同的目标用户、不同的事件营销模式，你选择的媒体渠道也要有所区别，针对不同的媒体渠道，你也需要对事件内容进行微调。

比如在微博上，你的事件内容要做到语言精练、图片诱人，尽可能引起情绪波动，并借助“大V”的力量；在贴吧里，你则要有更好的故事讲述能力，更多地体现个性化，并不断与回复用户进行互动；在软文创作中，则要提炼新闻点，满足新闻的叙事需求，便于新闻推广。

4. 借助网推公司

在这个信息过剩的年代，可能你精心设计的内容，在推送到媒体渠道之后，却迅速“石沉大海”，此时，你则要借助网推公司。说白了，就是让“水军”进行点击和回复，保证你的事件不会夭折。

5. 借力新闻点

一个高回复量的故事，充其量只能称为“热帖”，想要真正制造出事件，在发布信息之后，还需要媒体的助力，让媒体将之当作新闻进行传播。为此，你就要在设计事件时，就融入“新闻点”，之后，在撰写软文、推送信息时，则要尽可能提升关注度。

4.5.3 终极事件营销

事件营销的终极状态是怎样的呢？大多数事件营销，都只能风靡一时，这并不利于品牌的长期推广。但通过持续创作，你的事件却能一直实现“永生”。

如何让事件营销达到终极状态呢？

一次成功的事件营销，首先就能在用户心中留下深刻的印象，但仅有印象仍然不够。你可以立足于这个印象，不断对事件进行再创作，直至将其打造为“年度盛事”，也就是“节日”。

“双十一”原本只是天猫针对电商界的一次事件营销，但基于第一次“双十一”出乎意料的效果，通过一年一度的持续创作，如今，“双十一”已经成为用户公认的“网购狂欢节”。

4.6 自媒体营销

发挥媒体效用的最佳营销模式，就是成为媒体。如今，每个企业，甚至每个人都是自媒体。2016 年，自媒体也将进入爆发期。而立足于移动互联网，想要发挥自媒体效益的你，有着太多的平台可供选择。

4.6.1 微信公众号

自媒体营销的最重要阵地，无疑是微信公众号，如何开发自己的微信公众号呢？

1. 注册账号

目前，微信公众号的注册都是免费的。使用某一邮箱账号，即可完成注册，之后，你需要对你的公众号类型、账号信息、安全信息等进行设置。

2. 群发信息

公众号最重要的功能就在于群发信息，通过对素材进行创建和管理，你可以将设计好的信息发送给所有粉丝。另外，通过设置，你也可以使用手机群发信息。

3. 设置自动回复

除了主动群发信息之外，你还可以在公众号中设置被关注和关键字自动回复。当用户关注你时，你可以向其推送欢迎信息，对于用户输入的相应关键字，你则可以给予某种回应。

完成这一系列设置之后，你的微信公众号自媒体准备工作就已经完成，之后，你就可以依靠推广吸引用户，并用内容黏住用户，最终成为受用户信任和喜爱的自媒体。关于具体的操作方法，我们将在下一章详细介绍。

图 4-9　田科武开通了头条自媒体号“超级爸爸”

4.6.2　今日头条

作为新兴的媒体平台，今日头条从 2012 年创立至今，短短的四年间，其活跃用户也已经超过 4 亿，日均活跃量更是达到 4000 万，成为自媒体营销的重要战地。而在今日头条平台的自媒体营销，也与其他平台有所区别。

2015 年 4 月 30 日，田科武开通了头条自媒体号“超级爸爸”，并发出了第一篇文章《谁是女儿一生中最重要的人，全天下的男人都要看》，如图 4-9 所示。在短短的 4 天内，这篇文章的阅读量迅速突破

130 万，“超级爸爸”也成为育儿自媒体阅读周榜 TOP3。

1. 巧取夺眼标题

在今日头条中，充斥着各种各样的信息，而在消息陈列中，用户只能看到标题、图片、分类等信息。因此，要吸引用户，首先你就要取个诱人的标题，此时，你不妨稍微向“标题党”学习，让用户对内容产生极大的好奇。要注意的是，无论如何，切忌成为真的“标题党”，你的标题一定要与内容相关。

在 2016 年 5 月 2 日的今日头条的推荐栏中，排名前三的内容标题分别是：“他在西瓜上切了个小口，把这个东西放了进去，几分钟……”“中国人根本就不用买房！”“女生的这些表现，说明她想泡你！”

2. 插入诱人图片

由于今日头条会展示文章的一张图片，因此，你可以选择诱人的图片，让用户产生一探究竟的欲望。此时，切记不要放“黄图”或是类似打擦边球的图片，这样的图片或许能实现一定的效果，但一方面会降低你的自媒体号的整体气质，另一方面则可能会面临“网警”的查处。

3. 选好关键词

在今日头条中，最受关注的关键词集中于“社会”“八卦”“财经”“段子”“健康”“两性”几类，在设置你的文章关键词时，你要找到热门关键词，根据频道尽量选择关注度最高的关键词，如图 4-10 所示。

4. 优质内容

任何自媒体的成功关键，仍然在于内容。今日头条同样如此，如果没有优质内容的支撑，你就只能成为“标题党”“图片党”，虽然可以一时吸引不错的流量，但却不可能成为真正的“大 V”。

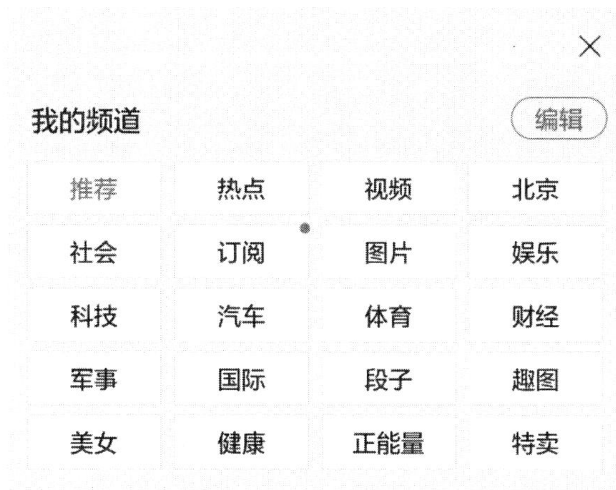

图 4-10　今日头条频道影响关键词分布

4.6.3　搜狐自媒体

作为传统的门户巨头，在新媒体时代，搜狐却一直没有找到自身的定位。直到近几年，在自媒体时代的大势中，搜狐也立足于搜狐新闻、搜狐视频的资源优势，开始推广自媒体平台，如图 4-11 所示。

最为重要的是，搜狐自媒体是百度的新闻源。这就意味着，只要你的文章标题符合用户的搜索习惯，你就能出现在百度的搜索结果中，从而获得巨额的流量。那么，与其他自媒体平台相比，搜狐自媒体的玩法又有何特别之处呢？

图 4-11 搜狐自媒体平台

据统计，关于搜狐自媒体，其在百度的权重达到 9，关键词库多达 19 万个，索引量高达 847 万条，反链数更是达到 1221 条。甚至于在百度搜索“自媒体”关键词，除去推广广告之外，搜狐自媒体文章《自媒体运营：爆五个大招，快速提升个人影响力》，仅排在百度百科“自媒体”词条和百度百家文章《以下六种自媒体会死》之后，同时，排名首页第八位的同样是源自搜狐自媒体的文章。

首先，学习 SEO 知识，优化关键词。

与其他自媒体平台不同，搜狐自媒体有百度作为流量支撑。因此，在玩转搜狐自媒体时，你一定要学习 SEO 的相关知识。

所谓 SEO，就是搜索引擎优化，是指“通过对网站内部调整优化及站外优化，使网站满足搜索引擎收录排名需求，在搜索引擎中提高关键词排名，从而把精准用户带到网站，获得免费流量，产生直接销售或品牌推广”。SEO 的涵义十分丰富，对于自媒体而言，如果没有足够的精力，你可以优先优化文章的关键词，此时，你可以采用以下 10 个小技巧。

第一，使用百度推广助手，利用其中的关键词工具，选择适合推广的关键词。

第二，根据市场关注度调查，设定关键词。

第三，查看统计日志，筛选关键词。

第四，研究长尾关键词。

第五，将关键词进行多重排列组合。

第六，尽量不使用行业通用词。

第七，擅长利用地理位置。

第八，确定每个关键词的价值。

第九，注重关键词的时效性。

第十，分析竞争对手的关键词。

其次，互动营销合作，增加曝光度。

相比于其他自媒体平台，搜狐自媒体平台的一大特色就是互动营销合作。在搜狐自媒体中，你需要积极参与到互动营销中去，从而获得更高的曝光度，也能赚取不菲的报酬。

所谓互动营销合作，就是搜狐会与自媒体号合作，将其纳入自身的移动端互动营销中，一起与用户进行互动。举例来说，比如某部电影上映，搜狐会邀请专业的影评自媒体号，组织线下观影活动，并发布影评，以便达到该电影的营销目的。另外，该电影制片方也会为这次互动营销支付费用。

> 2016年春节前夕，搜狐就与中兴手机合作举办八核手机的发布活动，在这次活动中，搜狐邀请了数位科技自媒体号参与，开通发布会媒体直播间，该直播间也被置于搜狐主页的显著位置。其间，自媒体负责主持直播，并对用户的相关问题进行点评、讲解。发布会之后，自媒体号还会发布相关文章。互动营销的形式增加了中兴手机和自媒体的曝光度，也让两者都获得了不错的回报。

第 5 章

移动营销之微信营销

5.1 微信个人账号“加粉”营销

粉丝就是你营销的观众，在推出营销信息之前，你首先要做的就是“加粉”，尽可能地加更多的粉，加更高质量的粉。

5.1.1 二维码加好友技巧

为了便于微信的快速传播，简化用户的加好友流程，微信开启了二维码时代，用户只需扫一扫二维码，即可申请添加别人为好友。对于移动营销而言，二维码也是加好友的重要方式。

在你的个人信息界面，你就能获取专属于你的二维码名片。只需别人扫描你的二维码，即可添加你为好友，如图 5-1 所示。

图 5-1 微信二维码名片

因此，你可以将二维码与任何营销方式相结合。事实上，你应该尽可能地将二维码展现在任何地方，无论是在你的线下展台，还是微博账号，或是文章末尾，甚至是在你的名片上……顺势推销你的二维码，是移动营销时代必须养成的好习惯。

二维码加好友的方式虽然略显被动，但如果它附属的活动或内容足够诱人，那么你的二维码也会被用户所关注。最为重要的是，二维码加好友，并不需要你为此付出过多的成本。

5.1.2 摇一摇加好友技巧

对于个人账号而言，如果缺乏足够的营销力量作为支撑，二维码的推广也会陷入困境。此外，在被动等待用户关注的同时，你也应该主动出击，使用摇一摇加好友。

打开微信，进入“发现”界面，打开“摇一摇”功能，你就可以找到同时使用该功能的用户，向其“打招呼”，并同意你的添加好友请求。

使用摇一摇加好友时，你要注意以下两点。

1. 使用时间。想要通过摇一摇加好友，就需要两人同时使用该功能，因此，你要注意摇一摇的时间。在使用频率更高的时间，你更容易加到好友。一般而言，12:00-13:00 和 21:00-23:00 是用户较闲的时段，而夜间则是摇一摇的最佳时机。然而，不同的目标用户群，又有使用时间上的差异，你需要做好前期调查。

2. 招呼用语。在摇一摇中，并非你“摇”到用户，就可以添加其为好友，还需要通过“打招呼”获得其同意。因此，你要设计好自己的招呼用语，以免引起用户的反感。此时，你要避免暴露营销意图，也不要为了“诱人”而成为“标题党”。另外，在打招呼时，你的微信头像也是用户考量的重要标准，切勿随意设置头像。

5.1.3 附近的人加好友技巧

在微信“发现”界面，还有“附近的人”，打开之后，你可以看到位置附近的微信用户，并查看他们的基本信息。此时，你就可以有选择地添加好友，如图 5-2 所示。

首先，初步建模。在“附近的人”中，你可以查看用户的基本信息，包括头像、昵称、性别、距离、地区，以及个性签名、个人相册（最近十张）等信息。因此，在加好友之前，你就要根据这些要素，做好初步的用户建模，选择最合适的用户进行添加。

其次，巧用位置。由于“附近的人”是以你的定位为中心的，因此，为了发现更多的目标用户，你就需要与他们距离更近。比如你的目标用户是白领，你的定位就应该在某写字楼群中。当然，这并不意味着你需要真的身处某个位置，利用虚拟位置插件，你可以根据需要定位自己的位置。

微信虚拟位置插件可以多点定位，见图 5-3。

图 5-2　微信附近的人功能

图 5-3　微信虚拟位置插件可以多点定位

5.1.4 漂流瓶

在“附近的人”下方，则是“漂流瓶”功能，这是一个传统的社交游戏，也是一个不错的加好友方法。

打开“漂流瓶”之后，你可以选择“扔一个”或是“捡一个”。你可以设计一个简短的文字或音频信息，扔出瓶子，吸引“捡到”的用户主动添加自己；你也可以主动“捡瓶子”，找到用户进行添加。

在使用“漂流瓶”加好友时，有一个小窍门，那就是通过设置自己的地区信息，你就可以捡到相应地区的瓶子，你的瓶子也会被相应地区的用户捡到。

5.2 微信朋友圈营销

5.2.1 图文搭配技巧

个人账号的营销，除了与好友的私下互动之外，最为关键的就是朋友圈营销，而在朋友圈营销中，最基本的方式就是图文信息。

然而，在个人账号发布朋友圈时，却是有图文限制的，如何用有限的文字和图片，实现最佳的营销效果呢？

1. 明确微信身份定位

无论在线下还是线上，在不同的场景，每个人都有不同的身份，你也可以将之理解为标签、品牌、符号。当形成这样的身份印象之后，一旦人们看到此类符号，就会联想到你。在谈微信营销之前，你首先要做的就是明确微信账号的身份定位。

很多人为了尽可能地覆盖用户兴趣点，只要出现热点就要追随；有的人则纯粹追求“曝光度”，不断地推销着各式各样的产品。然而，你必须要明白一点，在生活中，人们最相信的是父母、老师。而对于陌生人，人们更相信业务员，还是领域专家呢？答案无疑是后者，如图 5-4 所示。

在微信中，对于好友而言，你只是个陌生人，因此，你必须努力将自己塑造成某个领域的专家，而不是成为所谓的“通才”，或是纯粹的业务员。因此，找到你的营销方向，并将此作为自己的“专业方向”，以此明确自己的身份定位。

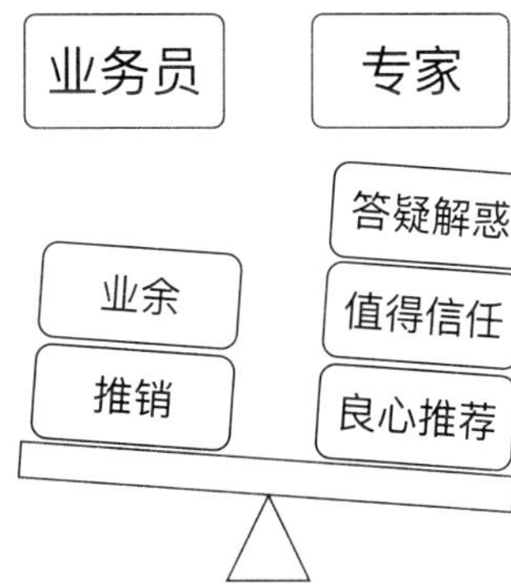

图 5-4 专家比业务员更让人信任

2. 回答各种专业问题

当你明确了自身的“专业定位”后，你就需要挖掘用户对于该领域的疑问，并逐一解答，从而逐渐树立自身的专业形象。

为此，在你可以根据调查制作《用户最关心的 100 个问题》，每天以专业、风趣的语言解答一个问题，作为自身的“干货”，从而赢得用户的关注和信任，并形成一定的品牌形象。

3. 转行隐藏关键信息

除了专业信息之外，你也需要凭借诙谐的内容，与用户实现互动。文字信息的创作最为简单，但纯文字的信息，却很难引起关注，甚至会直接被“刷”过去。因此，即使只是文字组合，你也要玩出花样来。

朋友圈里流行着这样一种发文方式：通过不断的转行，将充满反转意味的结果隐藏在不可见的第 7 行之后，让用户在看到充满趣味性的前文之后，主动点击“查看原文”，查看最终的反转信息，如图 5-5 所示。在日常互动中，运用这种手段，你可以给好友带来乐趣。

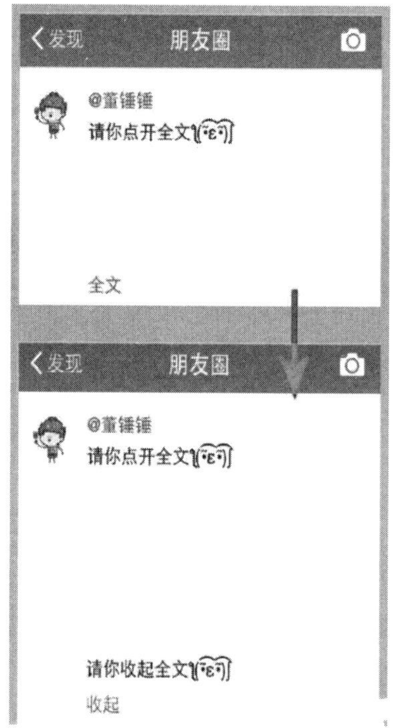

图 5-5 朋友圈转行隐藏关键信息

而在营销时，你则可以将营销信息隐藏其中，让用户主动获取营销信息，从而获得更高的关注度，也能够让用户印象更加深刻。

比如：你给我圣诞节礼物，那么我就给你——我的收货地址；想问一下大家开兰博基尼 Reventon 这款车的时候，刹车是不是会感觉有点死？为什么我——买不起这款车。

4. 巧妙的图文搭配

相比于纯文字信息，图文搭配的信息，自然更容易引起好友的关注。在图文搭配中，除了保证图文风格与身份匹配之外，你还可以采用文字截图之类的小技巧，以突破字数限制。另外，为了保证用户的阅读体验，在搭配图片时，尽量保证你的图片数量不是5、7、8，以免诱发用户的“强迫症”。

除了这些小技巧之外，你还必须明确图文营销的五个关键点。

其一，品质体现。营销最重要的是让用户看到你产品的优势，而在朋友圈中，最佳的品质体现方式，则是案例展示。展示其他用户的使用体验，以体现你的产品品质。

其二，价格设定。价格的设定是盈利的关键，你的价格设定，必须匹配好友的消费能力，在其承受范围内，在表现出性价比的同时，维护自身的利润空间。

其三，产品对比。如何才能体现出你在产品和价格上的优势？当然需要通过与同行产品做对比，此时，最好选择知名度较高的产品，以实现借力营销。

其四，协同资源。借力营销不只是同行对比，也包括资源协同。比如淘宝钻石卖家、微博“大V”，整合这些优势资源，增加营销信息的可信度。

其五，解决问题。图文营销不能局限于“王婆卖瓜，自卖自夸”，而要切实打消用户心中的疑虑。可不可信？值不值得？售后如何？直接提出这些问题，并给出你的解决方案。

5.2.2 小视频营销技巧

除了图文内容之外，朋友圈的一个重要营销内容就是小视频。朋友圈小视频的时长限制是六秒，虽然在实际操作过程中，可以使用各种方法突破时长限制，但立足于朋友圈平台，你最好是在这六秒内展示你的营销技巧。

与微博的短视频不同，微信用户在查阅朋友圈时，往往没有养成观看“长视频”的习惯。或者说，在用户的普遍习惯中，微博可以看短视频，朋友圈则看小视频。

朋友圈之所以将小视频时长限制在六秒内，就是因为，相比于微博短视频的“观看成本”，六秒视频耗费的流量并不多。因此，在微信中，只要引起用户的兴趣，他们就会直接点开观看。

你可能会疑问，六秒的时间能做什么？六秒确实做不了太多的事，但相对于你的微信营销而言，小视频正如一个冷盘或甜点，能够起到刺激欲望和愉悦心情的作用。因此，即使是小视频，也要做到精致，并匹配身份定位，图 5-6 所示为在朋友圈发布签售小视频。既不要发布硬广，也不要发用户不感兴趣的内容。

5.2.3 位置营销

既然选择朋友圈营销，那就不能浪费任何一块“橱窗”。在发布朋友圈信息时，除了文字、图片、视频之外，还可以选择位置信息。

对于做移动营销的你而言，此处并不只是位置的展示，还可以成为广告语的所在地。

其一，更改位置。为了让你的营销信息更贴近你的目标用户，你可以从位置上着手。比如，你的目标用户都是 IT 人士，那你的位置就可以更改到北京中关村附近。

其二，编辑位置。在朋友圈中，你可以随心编辑你的位置信息，甚至是将你的广告语输入进去，如图 5-6 所示。

图 5-6 朋友圈发布签售小视频

怎么编辑位置呢?

点击“所在位置”，再点击右上角的搜索符号，输入你的广告语并点击搜索，如图 5-7 所示。

一直拖动搜索结果到最底部，会看到“没有找到你的位置？”如图 5-8 所示。

图 5-7　选择所在位置

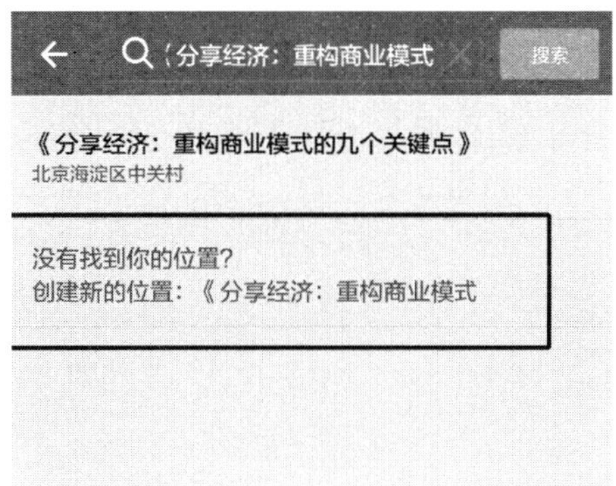

图 5-8　搜索地址，创建新位置

此时，你就可以点击进去“创建新的位置”，根据提示输入之后点击完成，如图 5-9 所示。你的广告语就出现了位置处。

5.2.4　朋友圈转发

除了发布原创内容之外，转发分享同样是朋友圈营销的重要组成部分。

对于个人账号而言，朋友圈转发分享最重要的功能就在于突破个人账号的朋友圈限制。在发布朋友圈内容时，你的文字字数、图片数量、视频时长都会受到限制，你的营销自然也会因此受限。

在日常使用中，你会发现，几乎一切内容都可以被分享到微信朋友圈中。因此，你就可以借此分享更多的信息到朋友圈中。

首先，转发。如果你在其他平台，或是自己的公众号中发布了营销文章，你可以将之转发到朋友圈中，从而实现引流。

其次，分享。当你看到其他有价值的内容时，你也可以将之分享到你的朋友圈中，从而避免“原创空窗期”的空白，也可以借此塑造账号形象。

最后，转介绍。病毒式营销的关键就在于用户的主动分享，因此，尽量推出活动，让用户消费之后，发布朋友圈信息，帮助你进行推广。

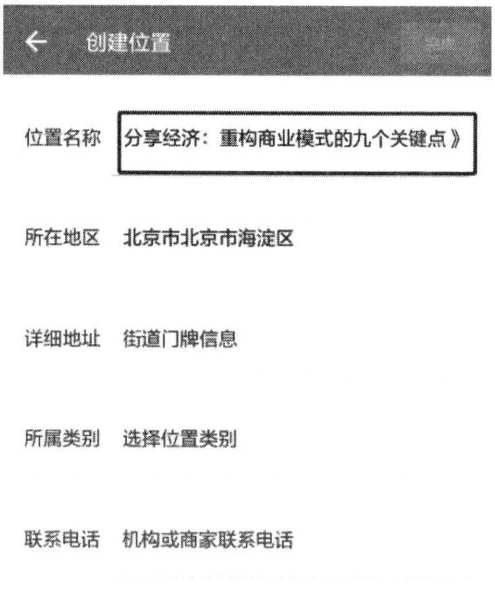

图 5-9　填写信息，创建新位置

5.3
微信群营销

微信群营销的前提就在于有微信群，在微信营销中，微信群扮演着极为重要的角色，其营销空间极为广阔。

需要注意的是，微信群有关人数限制的规定如下：

一个初始微信群的人数上限是40人；此后，由群主主动发出邀请入群，则可以突破至100人；再之后，则只有通过实名验证（通过绑定银行卡验证），用户才能接受邀请；最终，微信群的人数上限是500人。

投身微信群营销之前，这是必须清楚的一个基本规则。

5.3.1 建群营销

自主建群是微信群营销最简单的方式。建群的方式十分简单，你只需打开微信，点击右上角的加号，选择“发起群聊”，即可在你的好友栏中选择相应的好友，发起群聊。

如何做好建群营销呢？关键就在于合理分群。

在你的微信群中，并非人数越多越好，你既不能将所有好友放入一个群中，也不能盲目地随意建群，虽然微信群的数量没有上限，但是你的精力有限。因此，你必须掌握合理分群的方式，以最大化微信群营销的效果。

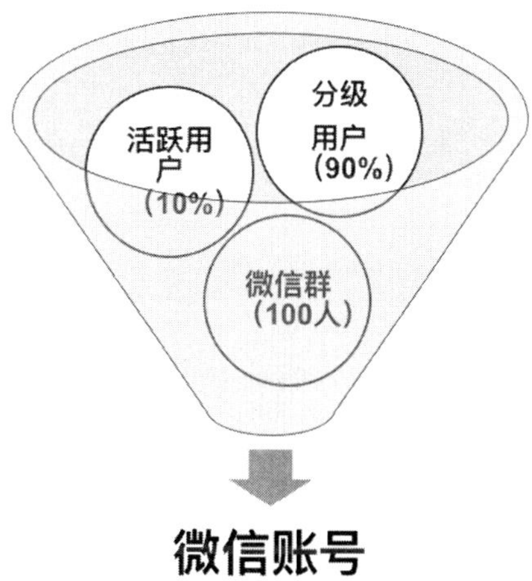

图5-10 微信群要善于分组

其一，好友分级。在分组建群时，你首先可以对好友进行分级，一般分组策略为：潜水好友、意向用户、初次消费、资深消费，除此之外，还可以添加活跃用户一级。

其二，分列组合。针对意向用户、初

次消费、资深消费用户，你可以对其进行专门分组，并确定其营销方向。需要注意的是，保证每个微信群的活跃用户占比，该比例最好维持在 10% 左右，以保证微信群的质量和氛围，如图 5-10 所示。

其三，账号分组。虽然微信群没有上限，但微信好友数量是有上限的（5000 个好友），所以，当你的好友数量过多时，你可以先采用微信号分组：建立多个微信号，将某类好友引导至同一个微信号。

其四，人数限制。为了保证微信群的氛围，你就要尽量多建 100 人以内的“小群”。500 人群看似十分“高大上”，但因为陌生人过多，500 人很难实现互动，大多数用户会直接屏蔽或退出。另外，人多口杂之下，你也难以实现管理，也很难避免别人发硬广，而硬广的出现，基本意味着一个微信群的“死亡”。

5.3.2 加群营销

除了自主建群之外，你还可以加入别人的微信群，从而实现“借塘打渔”的目的。

1. 加群

加群营销的基础就是加入尽量多的优质微信群。一般而言，加群有两种模式。

第一种，邀请入群。被邀请加群，由于缺乏主动性，因此并没有太多的策略可言。一般而言，你可以采用一些激励机制，鼓励好友将你拉入高质量微信群。

第二种，扫码入群。扫描群二维码时，你无需经过群主同意即可加群。因此，你可以在微博、贴吧、豆瓣等平台上，搜索“微信群二维码”关键词，就能够获得大量二维码，并扫码入群。

2. 加群营销

加群之后，如何营销呢?

首先，切忌硬广。在加群营销中，你的处境十分被动，群主随时可以将你踢出微信群。所以，在入群之后，切忌发布广告，这样做的效果几乎为零。

其次，获取好感。初来乍到，想要赢得群友的好感，“来一发红包”是最实际的方法。

再次，价值输出。在不断的价值输出中，你可以赢得群友的信任，成为“带头大哥”似的人物。而在持续的价值输出中，你甚至能够实现“鸠占鹊巢”的成就。

最后，巧妙用“托”。如果你的营销资源较为充分，你可以与营销团队的人一起加群，或是自己多开几个“马甲”，加群之后，通过“潜伏”“伪装”“捧哏”等方式，将你的账号打造为群内价值导向者。

5.3.3 免费群营销

在微信群中，无论是建群还是加群都是免费的，而微信群的数量又是无限的。这就意味着，只要你有足够的精力和时间，你就可以同时玩转多个微信群。

然而，人力有时而穷，免费群虽然无限，但你的精力和资源是有限的。微信群营销的最终目的在于挖掘你的目标用户，并维护好这部分用户的关系。

因此，无论是建群还是加群，你必须尽快筛选出群内最有价值的用户。之后，再通过分组建群的方式，对价值用户进行分类管理，以社群营销的手段维护好社群关系，增加用户转换率和用户黏性。

5.3.4 收费群营销

2015年年底，腾讯QQ开启了QQ群付费加群模式的小范围内测，群主开启该功能后，用户就必须支付一定的费用（1 ~ 20 元），才能入群。

为什么有些群需要付费才能加入呢？因为诸如资源分享、教程、学习等类型的群组，其群组价值较高，群内的资源往往需要付费才能获得，但在群内却可以免费获取，因此，“出售门票”也成为一种合理的运营方式。

微信虽然尚未推出“收费群”功能，但出于营销需求，为了保护微信群中内容、好友等资源的价值和安全，在实际操作过程中，你同样可以实现建立收费群的目的。

在微信钱包中有一个“AA 收款”功能，利用该功能，点击“普通筹款”，输入“人均费用”，点击“扫一扫收款”，就可以生成“收款二维码”。此时，你就可以将之与群二维码相结合，以“收款二维码”替代“群二维码”，当用户扫码时，就可以向你支付设定的费用，之后，你则可以将其拉入你的微信群。

需要注意的是，当你采用收费群营销时，你的微信群一定要具有较高的价值，否则，也不会有用户会付费入群。即使你通过营销手段，将用户“忽悠”进来，也会引起用户的反感，还可能面临“诈骗”的投诉甚至是被起诉。

5.4 微信红包营销

2014 年春节前夕，微信推出红包功能，微信支付顺势进入公众的视野，微信红包也成为人们社交的重要工具，给人们带来了无尽的乐趣。

对于移动营销而言，这样一款重要的社交工具，自然也有着极佳的营销价值。

尤其是在微信群中，红包既能够唤醒“潜水”的群友，也能提高群内的活跃度，更能由此获得广泛的传播。

那么，你如何利用微信红包做营销呢？

5.4.1 见面红包

当你添加了一个新好友，或是将用户拉近你的微信群时，如何给对方留下深刻的第一印象呢？最简单的方法，就是遵照中国的传统习俗，给新群友发放“见面红包”。

1. 私发见面红包

在添加好友之后，你可以直接发送一个“礼轻情意重”的见面礼，让其即使发现你是营销号，也不好意思直接拉黑你。根据该好友的价值，你可以发送不同额度的微信红包。对于一般好友而言，发个 5 到 10 元的红包即可，平时可以发 9.9 元、8.8 元、6.6 元等吉利数字的红包，如果恰逢节日，比如儿童节可以发 6.1 元，情人节可以发 5.20 元。

2. 群发见面红包

当好友第一次进入你的微信群时，你可以根据群内用户数量，发出一个“欢迎红包”，写上“欢迎某某某入群”之类的欢迎词。此时，根据你的经济能力和微信群价值，你可以发个尽量大额的红包，以引起群友的重视。这样一来，既可以获得对方的好感，也可以调动群内的气氛，还能够拉近新群友与老群友的关系，如图 5-11 所示。

3. 控制红包“手气”

如果 10 个抢到红包的人中，有 9 个沦为“1 分党”，这个红包无疑发得很失败。如何保证用户抢到一定数额的红包？虽然微信红包号称随机，但其实也有规律可循。根据研究发现红包金额有以下规律。

首先，想要“手气最佳”抢到一定的红包金额，你发的微信红包需要满足：红包金额 = 想要的最高金额 × 红包数量 /1.4。

其次，想要保证前三名抢到一定的红包金额，如果是 5 人红包，红包金额 = 前三名都至少达到的金额 ×5（五人）/0.45；如果是 10 人，红包金额 = 前三名都至少达到的金额 ×10（十人）/1.11。

最后，想要保证“手气最差”抢到一定的红包金额，则可套用公式：红包金额 = 最差手气的金额 × 红包数量 /0.011。

图 5-11　群发红包

如何运用以上公式呢？举例来说，如果你要发个 10 人红包，想让“手气最佳”至少抢到 10 元，则要发 10×10/1.4 ≈ 72 元；想让前三名都至少抢到 10 元，则要发 10×10/1.11 ≈ 91 元；想让“手气最差”抢到 1 元以上，则要发 1×10/0.011 ≈ 910 元，但此时，“手气最佳”则能抢到 127 元以上……

5.4.2　代替抽奖

你要知道，微信红包不仅是一个红包，同样是一个凭证。一般而言，根据抢红包记录，你可以知道哪些用户是你的活跃好友。因此，你就可以采取抢红包代替代金券的营销模式。

具体而言，你可以发布规则：每个抢到该红包的用户，均可以获得一份礼品；“手气最佳”或“手气最烂”的用户，可以得到一份大奖。借此活动，你可以吸引群友参与，并将产品作为奖品，顺势推销出去。

5.4.3 接龙游戏

接龙游戏是最火的微信红包游戏，这种营销模式可以有效激活你的微信群的活跃度，其成本效益比极高。接龙红包游戏如图 5-12 所示。

图 5-12　接龙红包

一般而言，红包接龙游戏的第一棒都是作为群主的你，之后的接力玩法则有两种。

第一种，由“手气最佳”或“手气最烂”的用户接力；第二种，由“手气最佳”或“手气最烂”的用户指定某人接力。

微信红包的游戏方法有很多，但游戏方法不在于多，而在于精。过于复杂的红包接龙游戏，反而会使微信群带上“红包赌博”的“罪名”，甚至遭到微信官方的查处。因此，如无特殊需求，你最好选择经典的红包接龙游戏。

5.4.4 培养“代理”

微信营销离不开“代理”的帮助，毕竟一个人的精力有限，你无法维护太多的用户规模。而微信红包也是发展“代理”的有效方式。这里的“代理”并非一定是你的代理商，也可以是带你入群的优质好友。

既然是“代理”，你就需要给予一定的利益刺激。比如私发红包或群发大红包，甚至于制定“绩效方案”，根据微信群的用户数量，或是私加好友的数量，或是最终成交的营业额，给予“代理”一定比例的红包提成，以便最终达到迅速传播的目的。

5.5 微信公众号营销之开通与定位

5.5.1 订阅号与服务号的选择

公众号的类型分为三种，其一为订阅号，其二为服务号，其三为企业号。三种类型的开通方式相似，但前两种适用于营销，而企业号的主要功能则是企业内部管理。

从具体功能上而言，订阅号和服务号也有许多差别，从共同点上来看，公众号最重要的功能就在于消息推送。公众号的消息推送又分为两种。

第一，主动推送。公众号可以主动向关注者推送消息，但其推送次数是有限制的。其中，服务号的推送频率是每月四次，而订阅号的推送频率是每天一次。

第二，被动推送。在公众号的管理中，你可以设定关键词自动回复。设置之后，用户只需输入某一关键词，即可获取你设定的相应内容。

订阅号与服务号的选择，并不是非此即彼的关系，两者在功能上有着极强的互补性，订阅号与公众号的区别如图 5-13 所示。然而，在实际营销过程中，存在着这样的问题：如何分配自己的营销资源？如何与自己的营销需求相匹配？

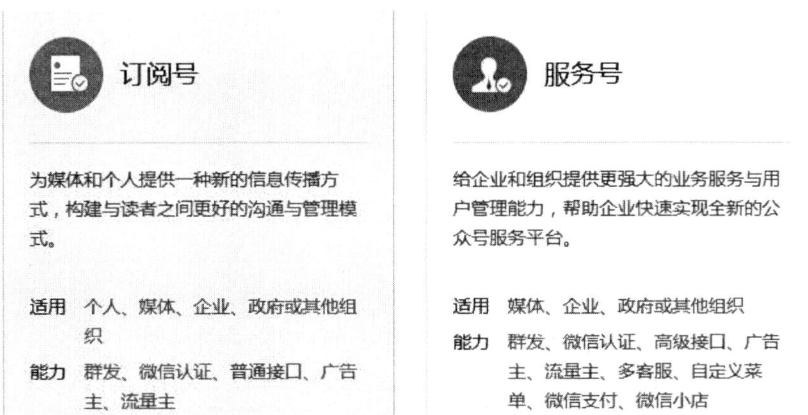

图 5-13 订阅号与服务号的区别

如果你的自身规模较小，或还处于起步阶段，那么，你应该以订阅号起步，凭借更具“人情味”的营销方法，通过与好友的“无限制”互动，加速传播并积累忠诚用户。

如果你已经拥有一定的规模，且需要提供各种服务，那么，你则应该考虑服务号，为他们提供真正的定制服务。

5.5.2　订阅号

1. 订阅号特点

订阅号最大的优势在于每天可以推送一组消息，从这点上来看，订阅号正如其名称一样，更像一本刊物，为用户推送各种内容。在这组信息中，你可以根据自己的营销需求和营销策略，任意编辑组合。因此，订阅号的合理运营，能够让你每天都富有活力。

但是，在微信里，用户关注的所有订阅号的信息，都会被集中在“订阅号”文件夹里。用户需要打开该文件夹，才能看到你，而且，根据推送的时间顺序，你的内容也会不断向下沉淀。另外，由于订阅号在微信接口上的限制，诸如客服功能、微信卡券、微信商城、模板消息、微信支付等功能，你都无法使用。

2. 订阅号营销

在订阅号的运营中，你成功的关键就在于发布优质的原创内容。

保持原创内容有很大的难度，但在订阅号的运营中，你的订阅号与众多订阅号集中在同一个文件夹中，这就意味着，如果没有优质原创内容的支撑，你的订阅号只会“一路下沉”，最终从用户的眼中消失。

尤其是在这个信息快速传播的时代，伪原创和抄袭的内容实在太多，如果你的订阅号总是推送此类内容，结果只会降低它的订阅价值。

所以，如果你不能安排专人运营订阅号，保证每天都有新鲜的原创内容发布，那么，最好放弃。反之，如果你能做到这一点，那么你就能成为用户最热衷的内容推送平台，甚至让用户每天“坐等”你的内容发布。

5.5.3 服务号

1. 服务号特点

顾名思义，服务号的核心功能就在于服务，其优势在于能够提供高级接口、自助服务、第三方接口等，如图 5-14 所示。

微信为服务号提供了九大高级接口，具体有：1. 语音识别接口；2. 客服接口；3.OAuth2.0 网页授权接口；4. 生成带参数的二维码接口；5. 获取用户地理位置接口；6. 获取用户基本信息接口；7. 获取关注者列表接口；8. 用户分组接口；9. 上传下载多媒体文件接口。

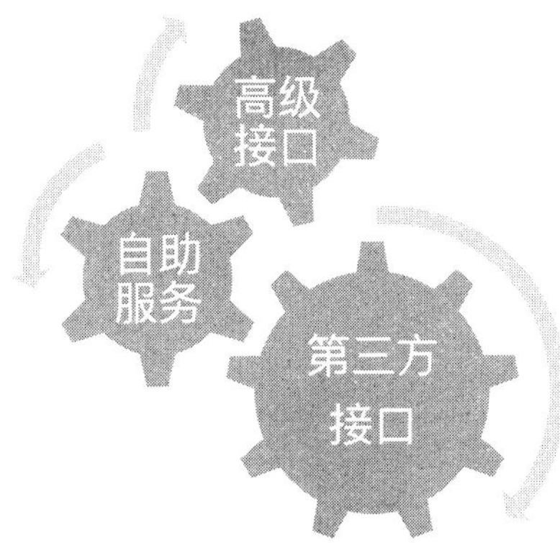

图 5-14 服务号的优势

除此之外，微信还为服务号开放了第三方接口的权限。因此，一个设计完善的服务号，甚至能够替代企业 APP 的作用，满足企业客服、业务办理以及在线支付等一系列需求。

尤其是在服务号中，你可以通过设置，让用户获得更多的自助服务，这就意味着，即使你没有专业的运营团队，只要你开发得足够完善，它也能发挥出极佳的效用。

2. 服务号营销

虽然服务号的消息推送限制是每月四条，但你的服务号能够直接显示在微信的聊天窗口。因此，每次推送信息之前，你也应该花费更多的精力去设定自己的内容，不要浪费这次“零距离”接触的机会。

在运营服务号时，你一定要谨记，服务号的主要功能是客户服务，而不是信息推送。因此，在运营过程中，你需要尽量通过合理设置菜单栏，简化用户客服程序，以优质的客服赢得大量的沉淀用户。

5.5.4 企业号

与订阅号和服务号不同，企业号的功能主要对内展示，它主要用于企业建立与员工、上下游供应链及内部系统间的链接，从而简化管理流程，并提升整体管理能力。

你可以将企业号看作移动版的 OA 管理系统，其功能包括企业通讯录、应用定制、收发消息、权限分级、开放接口等。依靠这些功能，你的员工就可以使用微信完成各种 OA 流程，如企业信息传递、审批流程、考勤管理、会议、报销、工作日志等。

作为企业 IT 移动化解决方案，企业号能够帮你以更低的开发成本，实现快速移动化办公，而且你的员工只需扫码关注即可使用。

那么，如何在微信企业号与开发自有 APP 间取舍呢?

简单来说，如果你的企业员工低于 200 人，你可以使用企业号加强内部管理，并节省大量开发成本。但是，如果你的企业规模较大，那么，相应的，你的内部管理程序也可能较为复杂，此时，你最好还是开发功能更加全面的自有 APP。

5.6 微信公众号营销之运营与维护

5.6.1 公众号阅读量增长技巧

微信公众号的图文消息打开率和阅读量，无疑是微信营销者最关注的数据。如果精心制作的图文发布出去后，却只有很少的阅读量，那未免让人心酸。那么，该如何推动公众号阅读量的增长呢？

1. 换位思考

在制作图文内容之前，你首先要换位思考，问问自己：如果你是用户，你关注这个公众号到底是为什么？这个标题能否引起你的兴趣？你喜欢的图文比例是怎样的？你希望何时收到这些推送信息？你需要有价值的内容，还是营销信息的推介？

当你能够从这种角度思考问题时，再继续制作你的内容。

2. 标题明确简洁

在你费尽心思遣词造句之前，首先要拟好你的标题，如图 5-15 所示的标题。此时，如果你的目标用户不是所谓的“中国大妈”，那么，就不要试图通过惊叹号和过分热情的标题造势，更不要采用“内部”“绝密”等过度的形容词，以免让用户觉得你虚假，甚至是“LOW”。

另外，在标题的拟定中，切忌使用误导性的标题，简言之，不要做“标题党”。公众号营销是一个长期交互的过程，一次的“标题党”或许会让你的阅读量增加，但随之而来的则是阅读量和粉丝量的双降。

3. 营造紧张氛围

当你使用公众号推送营销信息时，最重要的是营造紧张氛围，给予用户“机不可失，时不再来”的感觉，刺激他们立即行动。其中，还有一个小窍门：一般的营销信息，不要在前文尤其是标题中添加日期，以免那些不常翻看公众号信息的用户，因为你的信息“过期”而直接忽略。

图 5-15 “深夜发媸”公众号的推送内容

4. 配图恰到好处

微信的图片分辨率标准是 720×400，因此，在配图时，你首先要根据该分辨率，制作更加精良的图片。另外，在消息推送给用户时，你的配图上下部分会被遮蔽，因此，你要尽量将图片的重要信息集中在中间部位。

5. 提升内容价值

不同的用户对于内容的需求也有所不同，有的用户喜欢幽默风趣的段子，有的用户则喜欢逻辑严谨的新闻，有的用户更喜欢新产品的推荐。因此，当你为用户推送有价值的内容时，其中的评判标准很简单，即用户是否喜欢。持续提高有价值的内容，会养成用户的阅读习惯，即使穿插一些“无价值”的营销信息，也不会遭遇阅读量骤降的窘迫。

6. 掌握推送时段

一般而言，公众号推送文字的时段可以分割为以下几个，图 5-16 所示为典型用户的一天安排。

上班途中(7:00-9:00)、上午时间(9:00-12:00)、午休时间(12:00-14:00)、下午时间（14:00-17:00）、即将下班（17:00-18:00）；下班途中 / 晚餐时间（18:00-20:00）；睡前时间（20:00-22:00）。

在推送文章之前，你首先要对用户的查阅习惯和生活习惯进行调查。为了尽可能瞄准最佳时段，你可以在初期对此进行测试，选择不同的时段推送，根据阅读量的变化，确定你的推送时段。

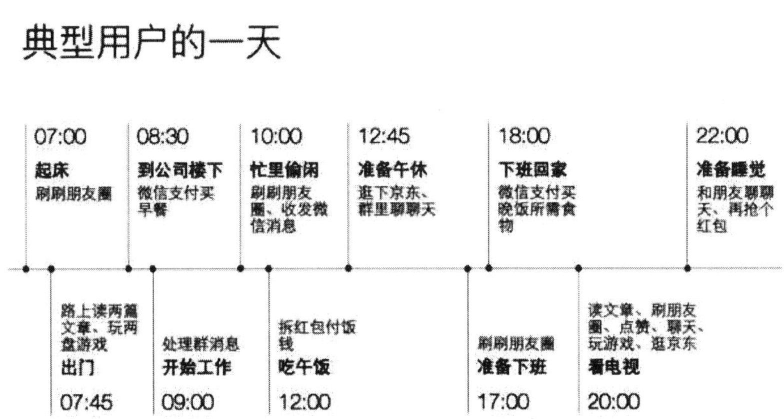

图 5-16　典型用户的一天安排

每个时段都有不同的场景特色，比如即将下班时段，即 17:00-18:00，此时，上班族大多即将下班，其一天的工作也差不多已经处理完，因此处于比较放松的状态，而依靠公司 WiFi，他们也不会吝啬流量查阅图文、视频信息。

7. 重视数据统计

在公众号运营中，你一定要重视相关数据的统计，微信公众号后台会为你提供各种数据，如粉丝数、阅读人数、阅读次数、转发分享次数等，你可以据此进行数据分析，发现用户喜欢的标题、配图、内容、时段等信息，并迅速做出调整。

5.6.2 公众号菜单栏设置

伴随着微信权限的进一步开放，菜单栏也不再是服务号的专属，但目前而言，服务号的菜单栏仍然更具操作性。而在公众号营销，尤其是服务号运营中，菜单栏设置的好坏，也是整个营销成功与否的关键。

1. 菜单栏设置方法

第一步，登录你的微信公众号，点击左侧的“自定义菜单”，进入公众号菜单栏设置界面。

第二步，添加菜单栏，你最多可以创建 3 个一级菜单，每个一级菜单下最多个创建 5 个二级菜单，如图 5-17 所示。

第三步，建立图文信息，你可以为每个菜单建立图文信息，标题即为你的菜单名称，然后上传封面图片，最后在正文添加相关文字和图片内容。

第四步，设置动作，即用户点击菜单之后展现的内容，你可以选择发送信息和跳转网页两种方式：前者可以选择文字、图片、语音、视频、图文五种模式，而后者只适合有移动端网页的公众号。

2. 菜单栏设置技巧

菜单栏的设置虽然烦琐，但你一定要重视菜单栏的设置，并不断完善。公众号是你与用户之间的纽带，这个纽带并非仅靠文章推送即可增强。作为打开公众号即可看到的菜单栏，它则能够很好地维护你的用户关系。

图 5-17 微信公众号菜单栏设置

因此，在菜单栏的设置中，你必须把握几个技巧。

第一，抓住核心需求。菜单栏里究竟应该放入什么内容？哪些可以作为一级菜单？哪些应当放入二级菜单？哪些应该舍去？这些并不是你的想当然，而是要根据用户的核心需求，结合你的营销需要，进行抉择。

第二，设计展现方式。即使是菜单栏的设置，也有美工的需求。你必须考虑，菜单栏的名字怎么取？如何结合特殊符号？这些都需要根据你的品牌形象，进行风格化的定制，利用简单的几个字和符号，深化你的用户印象。

第三，实时变动设置。根据你的营销需要和用户反映，你也要对菜单栏进行变动，增加新的促销菜单，或是删减不常用的功能。尤其是在你举办促销活动时，你也可以根据这次活动，推出菜单栏的“活动特别版”。

5.6.3 公众号微社区

2013 年年底，微信开始内测基于公众号的“微社区”服务，如今，微社区也已经成为公众号营销的重要工具。从功能上来看，微社区的发布，就像传统的论坛，这也弥补了微信在“多对多”交流上的功能缺失。

微社区弥补了公众号营销的最后一块短板，那么，你如何利用微社区，完善自己的微信营销布局呢？

1. 创建微社区

想要玩转微社区，首先就要创建属于你的微社区，而微社区的创建方法也十分简单，仅需三步即可：第一步，登录微社区官网；第二步，进入后台“管理中心”，获取微社区地址；第三步，将社区地址放在某菜单类目中。

2. 玩转微社区

玩转微社区的方式，在很大程度上，与传统社区运营有雷同之处，你可以从中借鉴，尽量营造微社区的活跃氛围，交通银行信用卡微社区如图 5-18 所示。

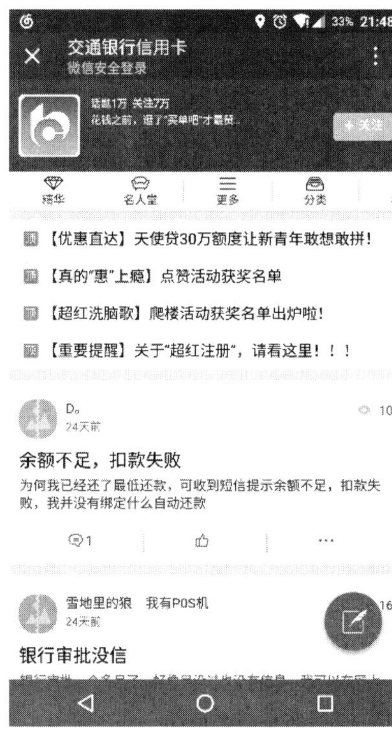

图 5-18 交通银行信用卡微社区

但要注意的是，对于公众号营销而言，你最好将微社区打造成公众号的“Wingman（僚机）”，用微社区辅助公众号的营销运营。

首先，灵活运用插件。为了帮助用户更好地运营社区，微社区也推出了各种各样的功能插件，包括“晒图”“话题”“微视”

等全局活动，以及“刮刮卡”“抢楼”“微官网”等应用插件。在运营微社区时，你需要对这些特殊插件灵活运用，以活跃微社区氛围。

其次，与公众号绑定。作为公众号营销的重要辅助功能，你可以在你的菜单栏给微社区留下一席之地，让用户在单向接收你推送的消息的同时，也可以进入微社区与大家一起交流互动。另外，在发布文章时，你还可以在底部“阅读原文”附近再加上一句引导语——“如果你想加入吐槽大军，就点击左下角‘微社区’吧！”

5.6.4 如何利用好“阅读原文”

在公众号营销中，你基本没有权限在内容中添加“外链”，这就意味着，你很难将微信用户直接引流。当然，在权限管理中，微信也做到“网开一面”，为移动营销提供了一条“外链”出口，即“阅读原文”。

你必须利用好“阅读原文”，在文章左下角添加一条超链接。当用户从某渠道阅读了你的微信文章之后，你可以引导用户点击“阅读原文”，跳转到“点击上方蓝字添加关注”界面，具体关注什么呢?

这就要根据你的营销主力平台，进行选择。一般而言，大多数营销人会引导用户关注自己的微信公众号，其他选择还包括其他微信公众号、公众号历史消息、微博账号、今日头条、搜狐自媒体、QQ兴趣部落等。

此时，你应该不放过任何一次引导机会，在你的每一篇微信文章中添加“阅读原文”，并根据你的营销需求，进行设置。

第 6 章

移动营销之 QQ 营销

6.1 QQ 签名与说说营销

6.1.1 QQ 签名

QQ 签名是 QQ 用户的重要个性展示窗口，你可以在这个窗口中输入各种文字信息。对于一般用户而言，这只是一个抒发感情、分享状态的窗口，但对你而言，这却是 QQ 营销的第一个营销阵地。

庞大的用户基数、绝佳的展现窗口，这些都让 QQ 签名成为绝佳的营销窗口。

1. 抓住展示机会

你需要抓住每一次 QQ 签名的展示机会：当你添加别人为好友时，你的 QQ 签名会展示在你的昵称下方；当你的 QQ 签名更新时，你的头像则会“高亮显示”；当你与好友聊天时，你的 QQ 签名也会始终显示在聊天窗口顶部。

2. 构思营销用语

QQ 签名的字数限制是 100 个字符（一个汉字为 2 个字符），但这并不意味着你可以在 100 个字符内尽情发挥。事实上，作为最主要的展示窗口，QQ

聊天窗口顶部的 QQ 签名大概只能显示 50 个字符。因此，你要构思一段不超过 50 字的营销用语，将产品、服务、活动等信息说清楚，并激起用户的好奇。

3. QQ 签名众包

一个人的力量是有限的，作为一种较为被动的营销方式，为了将之传播到更广阔的范围，你可以选择新兴的 QQ 签名众包模式，如图 6-1 所示。所谓众包，就是在网上雇佣有价值的 QQ 号，根据其好友数量、好友质量，支付一定的报酬，让你设计的内容成为他们的 QQ 签名。

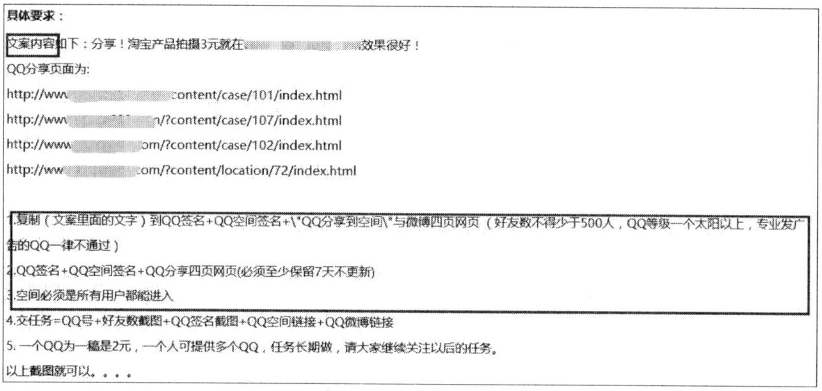

图 6-1　众包 QQ 签名

6.1.2　说说图片的编辑与标签设置

说说，就类似于 QQ 空间的微博。唯一不同之处在于，你的说说更新信息，如 QQ 签名一样，同样会显示在 QQ 面板中，因此，你同样要重视说说的发布。

需要注意的是，虽然多数人用说说都是发布个人的生活状态，但作为 QQ 营销账号，你应该减少这样的信息，因为你的好友跟你的关系并不熟络，所以他们对于你的生活状态并不感兴趣。

因此，你在保持一定的更新频率（最好是每天一条）的同时，发布的内容最好是一些有价值的内容。

除此之外，说说图片的编辑也是说说营销成功的关键，在发布说说时，你要添加一些相关的配图，如图 6-2 所示。需要注意的是图片的质量，以防配图过“low”，引发好友的厌恶。另外，在配图中，你还可以借助自定义功能，为图片添加标签，从而迎合潮流。

图 6-2　说说图片的选择与编辑

6.2 QQ 空间营销

6.2.1　空间日志

对于刚起步做营销赚钱的人来说从 QQ 空间开始做比较合适，毕竟不需要什么成本，基本在 100 块以内就可以打造出一个很漂亮且专业的空间门面。一个整洁清晰、主题明确、内容有价值的空间才是能够转化为现金的机器。

空间的价值在于分享，只有你分享的内容给看到这些内容的人带来了价值或者帮他们解决了疑惑，他们才会成为你的忠实读者，而拥有用户、读者、粉丝就拥有了财富。

下面来看看如何打造人气空间，做好日志营销。

1. 购买一个 QQ 号

购买 QQ 号的原则是越容易让人记住越好（常说的靓号），等级越高越好（至少都要在 16 级以上），16 级以下的 QQ 号不容易被人信任，如图 6-3 所示。

一个容易被人记住的 QQ 号很容易让人加你为好友，特别是等级为皇冠的 QQ 号，别人会产生强烈的好奇心。

图 6-3　QQ 号码的引流策略

2. 定位，确定 QQ 昵称

有了一个好的 QQ 号，还应该有一个配得上 QQ 号的名称才是。当然这个 QQ 昵称可不是随便乱取的。你需要定位，给自己定一个领域。

要在日志中分享哪一类的文章，尽量结合自己的产品或者优势确定领域。根据确定要做的领域，起一个好记且跟自己所定位的领域紧密关联的 QQ 昵称，可以是你自己产品的品牌。昵称确定后，尽量不要修改，让昵称就像你的名字一样，跟随你一辈子。

3. 开通 QQ 会员和黄钻

QQ 好友的人数是有限制的，如表 6-1 所示。

表 6-1 QQ 等级与好友数上限

QQ 等级（级）	0~15	16~19	20~23	24~27	28~31	32~47	48 以上
好友数上限	500	550	600	650	700	800	900

不过，开通 QQ 会员可以让你的 QQ 好友数量达到腾讯要求的最高顶峰 2000 人，如图 6-4 所示，同时也有利于 QQ 等级的提升。

	VIP1	VIP2	VIP3	VIP4	VIP5	VIP6	VIP7
年费会员	1300	1500	1600	1700	1800	1900	2000
非年费会员	1000	1200	1300	1400	1500	1600	1700
非会员	太阳以下普通QQ用户500人						

图 6-4 QQ 会员等级及好友数量

当然 QQ 的上限绝对不是 2000 人，大家都知道单向好友，只要有人加你，想要多少好友就有多少好友。更重要的是，在前期没有什么人气的时候，可以通过 QQ 会员的克隆好友功能以最快的速度获取成千上万好友。

开通黄钻可以让你把空间功能最大化使用，不论是日志置顶、说说置顶，还是本地视频上传、个性签名、签名档等功能，都是对自己的推广和文章内容分析有很多帮助的。看一个人有没有料，关键看他能不能撑起一个门面，QQ 空间就是你的门面。

4. 坚持写日志，分享内容

在写日志过程中，一定要写一篇自我介绍的日志置顶，这样别人才知道你是谁，你是做什么的，尽量将自己的经历、优势、资源写得精彩真实，别人才会更信任你。

要坚持写日志，每天坚持写 1 ~ 2 篇不少于 1500 字与自己领域相关的日志文章。当写到 100 篇的时候你就会有一种新的感觉，不断地写并且不断地进步，你写的日志内容会逐渐从量变到质变的一个提升。

当质变到一定程度后，你在读者心中就是行家，是专业达人。

5. 坚持引流，将日志分享出去

写日志的目的，就是要将自己写的内容分享出去。对于刚起步的新人，在前期你要将每天加同行业 QQ 群和加对你所在领域有兴趣的 QQ 好友养成一种习惯。

分享日志的时候，一定要遵守规则。否则你好不容易才加上的群，就因为发一篇日志到群里，就被群主视为发广告给踢出群。

在群发日志时，一定要将群发的 QQ 群进行分类，将能发日志的分为一类，将不能发日志的分为另一类。群发日志的次数也不要太多，一周群发 2 ~ 3 次就可以了。

一般管理严格的群，群里面的成员质量都是比较高的，这时候你就需要考虑一对一沟通或者在群里积极互动，让群里更多的人认识你，让他们主动加你为好友。

6. 维护旧流量，留住新流量

当你的日志价值逐渐提升后，就会有更多人转载或分享你的日志，这样你的日志就会被更多人看到，同时也为你引来更多 QQ 好友。有了一定流量后，你要做的就是与原有的 QQ 好友保持互动沟通，拉近彼此间距离。

对于新来的流量，你必须坚持分享有价值的内容，将这些对你还不熟悉的人用内容价值将他们留住，将新流量转化为有价值流量，让他们对你产生信任。有了信任，后面你操作任何产品，都会有人为你的产品买单。

6.2.2 空间相册

很多用户都有这样的习惯，进入别人的QQ空间之后，第一时间就是查看该人的空间相册，这或许是出于一种好奇，另外，相册中的照片也能够反映该QQ空间的质量。

试想，如果相册中一张照片都没有，那么，该空间必然不常用；如果相册中全都是营销照片，那么，该空间内容也没有可看的价值……从某种程度上来说，空间相册确实成为空间质量的缩影，尤其是当相册照片出现在QQ信息面板中时，相册照片的质量，甚至会影响到你的加好友成功率。

在空间相册中，你需要学会创建相册，对照片进行分类。在QQ空间营销中，你当然可以放入营销照片，但最重要的是，在放入营销照片的同时，你也可以放入一些生活照。而在营销照片中，你也要提高“合作签约照”的比例，这样才能做到“有图有真相”，从而得到用户的信任。

6.2.3 留言板

留言板是QQ空间的一个特色功能，在该板块中，用户的评论大多不是针对你的某篇日志或某张照片，他们只是对你的QQ空间进行评价，并实现一个空间内部的“延时互动”。

在这个公开的留言板中，你同样不能放过营销的机会。在留言板的“主人寄语”中，你可以写下你的欢迎词，对所有来访者表示欢迎。

在QQ空间营销中，你一定要鼓励来访者留言，这样才能提高你的QQ空间的人气。为此，每当有用户留言时，你都应当尽快回复，并去他的QQ空间“回访”，以礼尚往来的方式，提高对方的来访欲望。

6.2.4 空间装扮

在 QQ 空间中，你具有极大的个性化权限，这就意味着，你能够通过装扮空间，提高 QQ 空间的营销价值。为了获取更大的自定义权限，你首先要购买年费黄钻，使用财付通快捷支付或微信支付，也不过每年 114 元。

基于黄钻会员赋予的“管理员权限”，包括自定义皮肤、标题栏、日志背景、专属道具等，你几乎可以完全按照自己的想法设计 QQ 空间。甚至于，你可以降至设计成“官网”的替代品，利用 QQ 空间的庞大用户规模，实现快速引流，并依靠说说、空间日志、相册、留言板等功能，将微博、博客、图片等营销模式融为一体。

然而，QQ 空间的“完全自主性”，也让很多人措手不及，如果你没有足够的精力去 DIY 自己的 QQ 空间，你也可以选择使用 QQ 空间推荐的模板。其中比较热门的就是自媒体营销模板，其简洁的风格，赢得了许多用户的喜爱。

6.3 QQ 讨论组与群营销

6.3.1 加群秘笈

想要进行 QQ 群营销，你首先得加入 QQ 群，否则也谈不上什么营销。在加群过程中，你可以使用如下秘笈。

1. 确定关键词

确定目标用户是任何营销的第一步，而在QQ群营销中，你还要有辐射思维，找到相关的所有关键词，并凭此搜索该类 QQ 群。

比如你的产品是女性内衣，那么，你的目标用户当然是女性，那女性内衣消费者对什么关键词感兴趣呢？内衣、美女、美胸、丰胸、化妆品等都是价值较高的关键词。

2. 搜索 QQ 群

在搜索目标 QQ 群时，你可以直接在“找群”中，搜索确定的关键词，也可以去百度等搜索引擎，搜索关键词，甚至可以去众包平台，让其他用户带你加入目标 QQ 群。

此时，你一定要记住“贪多嚼不烂”的道理。不要盲目地加入太多 QQ 群，而应该找到价值更高的 QQ 群，从而提高营销效率。

图 6-5 如何搜寻 QQ 群

在查找 QQ 群时，点击某个搜索结果，你就可以查看该群的各种信息，如位置、关键词、创建时间、群主 / 管理员、成员分布等信息。根据这些信息，你就可以初步判断该群的营销价值，图 6-5 所示为如何搜寻 QQ 群。

3. 加入 QQ 群

加入 QQ 群之前，你一定要学会伪装。大多数 QQ 群都有验证信息，而且对于营销账号十分反感。因此，你应该创建一个专门加群的 QQ 号，切忌将你的营销信息放在 QQ 昵称、签名、空间等显著位置，以防 QQ 群主发现你是一个营销账号。

在填写验证信息时，你则要表现出一个兴趣用户的特征，使用“我对 *** 很感兴趣，希望入群与大家一起交流”之类的信息。

另外，很多 QQ 群都具有一定的圈子属性，群内的用户大多有着较强的交互关系，而对陌生人比较抵触。此时，你可以先添加该群群主为好友，与其交流建立好关系，从而顺势加入其 QQ 群。

6.3.2 基于位置的群搜索

在移动营销时代，LBS 成为几乎所有 APP 的标配。手机 QQ 也同样推出了基于位置的群搜索功能，打开“找群”界面，你就能够看到“附近的群”，点击下方“更多”，你就可以查看你位置附近的 QQ 群。

对于移动营销而言，这样的 QQ 群营销无疑更具针对性，尤其是对于做本地服务的商家而言，更是如此。

加入附近的群之后，你不仅可以采用各种线上营销方法，还可以在群内组织线下活动，通过面对面的交流，加深彼此之间的关系，从而加快转化消费者的速度。

为了离你的目标 QQ 群更近，你也可以使用各种工具修改自己的定位，从而实现“在浦东精准搜索到浦西某地的 QQ 群”的目的。

比如你是做“静吧”的，你就可以搜索附近的交友群，与大家熟识之后，你就可以组织线下交友活动，无论是与大家一起去郊游还是运动，你都可以在活动后邀请大家到你的“静吧”休息娱乐一番，甚至可以免费招待。在建立良好关系之后，他们自然愿意到“附近的熟人店”里消费。

6.3.3 建群营销技巧

“借塘打渔”的方式虽然实惠，但毕竟受制于人，因此，在不断加入目标QQ群的同时，你也要掌握建群营销技巧。

1. 建高级群

在建群营销时，你需要建立高级群，这不仅能够提高QQ群的吸引力，也可以让你的QQ群在搜索结果中排行靠前。当然，想要建高级的群，你就需要购买QQ的增值服务。此时，你最好直接开通年费超级会员，以便更快获取更高的建群权限，如图6-6所示。

除此之外，你也可以购买相应会员等级的QQ号，达到快速大量建高级群的目的。

LV0	200人群
LV4	200人群+1个500人群如何提升等级
LV16	200人群+2个500人群
LV32	200人群+3个500人群
LV48	200人群+4个500人群
超级QQ	额外4个500人群开通
VIP1-5	额外4个500人群
VIP6	额外4个500人群+1个1000人群
VIP7	额外4个500人群+2个1000人群
年费用户	额外1个1000人群(QQ4级以下也可创建)
SVIP1-5	额外4个500人群
SVIP6	额外4个500人群+1个1000人群
SVIP7	额外4个500人群+2个1000人群
SVIP8	额外8个500人群+3个1000人群+1个2000人群
年费SVIP1-5	额外1个1000人群
年费SVIP6-7	额外1个1000人群+1个2000人群
年费SVIP8	额外1个1000人群+额外1个2000人群

图6-6　QQ收费会员权限

2. 精准定位

在群名称拟定上，你同样要遵守初级的 SEO 规则，让你的 QQ 群能够出现在目标关键词搜索结果的前列，从而获得大量的点击。为了将这些点击量转化为申请数，在群介绍中，你也要根据 QQ 群的定位，设计更具吸引力的介绍词。

3. 保持活跃

QQ 群营销成功的关键，就在于该 QQ 群的活跃程度。如果 QQ 群如同“一潭死水”，一个星期都没几个人说话，那这个 QQ 群不如就此解散。

为此，你首先要维持群内的良好氛围，避免发生争吵、骚扰的情况，对于破坏氛围的用户，要坚决给予处罚，这样才能建立自身的权威；其次，当群友有问题时，无论是什么问题，你都要尽力给予解决，从而获取群友的信任。

另外，群内的活跃度越高，QQ 群的等级也会上升，而等级越高的 QQ 群，在搜索结果中的排名也会越高。

6.4 QQ 邮件营销

如今，每个 QQ 用户的邮箱每天都会收到大量的营销邮件。在 QQ 邮箱的反垃圾规则下，很多邮件甚至直接被归入“垃圾箱”“广告邮件”。此时，你如何让自己的营销邮件进入用户的视野，并激起用户的消费欲望呢？

除去常用的邮件营销技巧之外，针对 QQ 邮件而言，你可以用邮件信纸增强邮件的可读性，并以邮件订阅方式提高邮件阅读量。

6.4.1 邮件信纸

在你设计邮件内容时，要考虑的并不只是文字内容，文字内容虽然重要，但内容的“外观”同样不可或缺。除了内容排版和配图之外，邮件信纸同样是你提升“颜值”的重要方法。

在 QQ 邮箱“写信”界面的右侧，就有“信纸”功能，打开该模块，QQ 邮箱为你提供了各种素材。但最为关键的则在于下方的“设计新信纸”，使用该功能，你就可以上传自制的图片作为背景。

那么，你如何制作个性化的信纸呢?

关键就在于定制化，根据你的营销需求和用户偏好，定制出足够亮眼的信纸。

1. 品牌 Logo

无论是出于何种目的设计的信纸，你都应该设计一个带有品牌 Logo 的“页眉”，让用户打开邮件之后，第一眼就看到你的品牌，从而在潜移默化中不断熟悉。

2. 二维码

出于移动营销的目的，无论你的移动营销阵地是自有 APP，还是微信公众号，你都可以生成二维码，并将之添加到你的信纸底端，让用户可以随时扫一扫。

3. 适应主题

你的信纸设计必须适应你的内容主题，你可以设计一个“通用型”的信纸，也可以为每次营销活动，设计专属的主题信纸，从而为邮件内容做出烘托。

4. 预览和自发

在“设计新信纸”时，你会进入“测试预览”页面，你可以在该页面上传信纸图片，并修改图片、文字排版。因此，在此时，你就需要将不断检查邮件，直到尽善尽美再点击发送。

另外，在你的群发列表中，添加自己的其他邮箱账号，这样你就可以第一时间查看该邮件的真实效果。

6.4.2 邮件订阅

在 QQ 邮件营销中，你需要持续为用户提供有价值的内容，而非营销内容，否则你只会被归入“广告邮件”，甚至会被用户拒收。对于任何营销人士而言，能够第一时间将内容推送给用户，都是十分重要的事情，而要做到这一点，邮件订阅就是一项传统而实用的方法。

QQ 邮箱就为内容提供者推出了“订阅中心”功能，你可以接入该平台，让用户订阅你的内容。

1. 接入平台

接入 QQ 邮箱订阅中心的方法并不复杂，如图 6-7 所示：你只需登录自己的 QQ 邮箱，点击底部的“开放平台”链接，就可以进入 QQ 邮箱开放平台；选择“接入订阅”，进入订阅开放平台，再点击“我的栏目”—“添加新栏目”，填写相关信息并提供所需资料，等待审核即可。

2. 统计数据

QQ 邮箱订阅平台还为你提供了全面而细致的统计数据，根据这些统计数据，你就可以实时检验 QQ 邮件的营销效果，并适时调整营销策略。

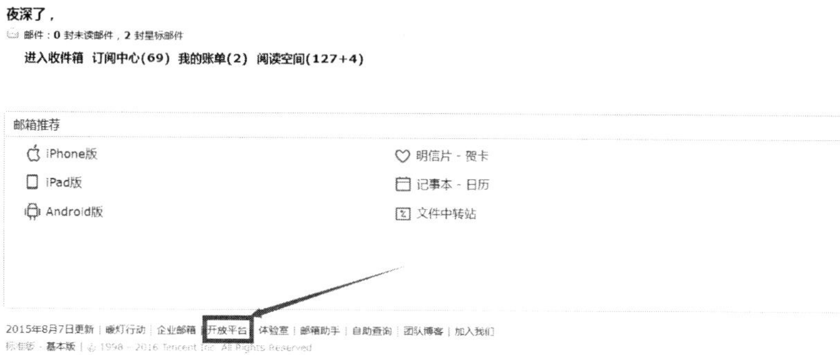

图 6-7　接入 QQ 邮箱订阅中心开放平台

查看统计数据时，你可以根据需要，查看两种标准的统计数据。

第一种，按栏目统计。展示的数据以整个栏目为统计维度，日期代表该栏目在该日的数据情况，如图 6-8 所示。

QQ邮箱动态
介绍QQ邮箱应用技巧、功能更新信息。
发行中　预览 设置
最新发行日期：
订阅数：188857999　阅读率：16%　好评率:0%　好评排名:30.0%　详细

订阅数据　2011年05月　按栏目统计　按期统计

日期	总订阅数	新增订阅		退订		阅读邮件			用户评价			
		次数	人数	次数	人数	次数	人数	阅读率	人数	好评率	中评率	差评率
2011-05-23	18885799	154962	154242	62930	60950	1215888	944760	16%	0	0%	0%	0%
2011-05-22	18875725	178375	177541	69571	67085	1523712	1171976	16%	0	0%	0%	0%
2011-05-21	18864967	175557	174647	52473	48973	2448178	1996811	19%	0	0%	0%	0%
2011-05-20	18855044	0	0	0	0	0	0	0%	0	0%	0%	0%
2011-05-19	18845514	137947	137102	47316	46672	651968	484211	14%	0	0%	0%	0%
2011-05-18	18836090	142034	141241	57812	57138	755225	566771	14%	0	0%	0%	0%
2011-05-17	18827241	141313	140635	84749	83959	925983	708332	15%	0	0%	0%	0%
2011-05-16	18820791	149604	148876	113834	112876	1320207	1054925	16%	0	0%	0%	0%
2011-05-15	18816459	196578	195623	127208	125963	1727635	1376287	16%	0	0%	0%	0%
2011-05-14	18809841	207265	206115	148338	146515	3444523	2974606	20%	0	0%	0%	0%

下一页

图 6-8　QQ 邮箱按栏目统计的订阅数据

第二种，按期统计，如图 6-9 所示。展示的数据以发行期刊为统计维度，日期代表期刊的发行日期，数据统计项代表各日期发行的期刊，截至前一日的统计数据。该数据表的每一条记录，每天都会进行更新。

QQ邮箱动态
介绍QQ邮箱应用技巧、功能更新信息。
发行中 预览 设置

最新发行日期：
订阅数：188857999 阅读率：16% 好评率:0% 好评排名:30.0% 详细

订阅数据 2011年05月

按栏目统计 按期统计

发行日期	阅读情况		用户评价					
	阅读人数	阅读新增人数	好评人数	好评新增人数	中评人数	中评新增人数	差评人数	差评新增人数
2011-05-23	39203	39203	10236	10236	2569	2569	897	897
2011-05-22	60388	18714	10850	1064	2748	304	873	25
2011-05-21	66958	9868	13788	405	2923	64	598	15
2011-05-20	44310	5649	3446	82	734	29	57	6
2011-05-19	21719	3641	746	77	168	10	23	6
2011-05-18	15138	2719	337	39	85	10	18	0
2011-05-17	11337	1991	295	53	43	4	11	0
2011-05-16	9471	1686	190	23	63	4	7	1
2011-05-15	7041	1029	136	22	16	0	5	0
2011-05-14	4916	694	112	17	17	2	10	0

图 6-9 QQ 邮箱按期统计的订阅数据

6.5 QQ 兴趣部落营销

2014 年，腾讯在手机 QQ 上推出兴趣部落功能，开始进入兴趣社交领域。在陌生人社交中，兴趣确实是最有效的连接方式，可以迅速让人们“打成一片”。

在这个基于兴趣的公开主题互动社区，为了增强用户的社交体验，兴趣部落会与 QQ 群中的“兴趣标签”互动关联，图 6-10 所示为 QQ 兴趣部落的兴趣分类。如此一来，用户既可以在兴趣部落里进行兴趣交流，也可以加入感兴趣的 QQ 群与“同志们”在线聊天。借助于此，用户可以走出相对私密的 QQ 群，加入公开的兴趣部落，从而拓宽自身的社交边界。

6.5.1 选择主题和名称

兴趣部落的出现，结合了论坛、话题、圈子、QQ 群四大功能，几乎在移动端满足了用户的一切社交需求。在兴趣部落中，用户则被分为“酋长”“达人”“铁杆粉”等级，等级不同，用户权限也有所区别。其中，“酋长”可以给话题加精，“达人”则具有发表话题、点赞、评价、转发等权限。

图 6-10 QQ 兴趣部落的兴趣分类

目前而言，兴趣部落的主题众多，涵盖了游戏、情感、城市、运动、明星、动漫等多个领域，全面的主题分类，也使得兴趣部落能够覆盖 70 后、80 后、90 后甚至是 00 后用户。因此，借助 QQ 的“全民应用”属性，你可以任意选择合适的主题，吸引目标用户的参与。

如何吸引更多的目标用户？

你的目标名称是成功的第一要素，只有拟定一个诱人的部落名称，你才能吸引用户点击进来。需要注意的是，如果你不是名人，你的品牌尚不知名，那么，切忌使用它们作为部落名，因为这会让用户感到“不知所谓”，轻视该部落的内容质量。

在拟定部落名称时，你最好对时下的流行词汇进行调查，比如“屌丝理财”“友谊的小船”等，这些流行词汇可以帮你迅速吸引大量“资深网民”。然而，在信息高速传播的今天，很多流行词的寿命甚至只有半天，再用反而会显得“OUT”了。因此，不要盲目使用流行词，而是要将之与自己的品牌、产品、服务结合起来，并赋予其新的意义。

6.5.2 个人品牌营销

兴趣部落同样是基于 QQ 的一个自媒体平台，在创建兴趣部落时，你首先就要让部落主题与自身营销目的产生关联。

在部落运营过程中，你可以选择在初期，就凭借“酋长”的身份，将部落“炒热”，并做好管理工作，在部落内部树立权威性，塑造好自己的“酋长”形象。

当部落逐渐成熟之后，你可以再创建“达人”账号，不断发布优质内容，并与用户互动，成为受“铁杆粉”欢迎的“大 V”。切忌在部落建立初期就直接发广告，这只会使得部落成为“营销部落”，而缺乏吸引用户的内容。

当你的部落真正聚集齐一群潜在用户时，你就可以将其纳入你的 QQ 群，采取 QQ 群的营销策略，以“酋长”“达人”的身份为营销产品背书，将用户转化为消费者。

一个部落的力量是有限的，在部落运营过程中，你也可以加入其他热门部落，“借塘打渔”。你甚至可以与其他部落“酋长”联合，以“互推”的方式，让自己站在第三方的立场，实现兴趣部落的营销价值。

6.6
企业 QQ 营销

与微信服务号相同，QQ 同样为企业用户推出了企业 QQ，便于企业用户为客户提供客服和营销信息。那么，你如何使用企业 QQ 营销呢?

6.6.1 开通企业 QQ

相比于个人 QQ，企业 QQ 的好友上线达到 10 万。基本上，企业 QQ 可以无限制地添加好友，根据企业 QQ 的不同套餐，你的权限也有所区别。首先，你需要根据自身的营销需求，选择合适的企业 QQ 套餐。

1. 普通套餐资费标准

表 6-2 普通套餐资费标准

套餐类型	办公版	邮箱	办公版加邮箱优惠总价
10 套餐 (2 年)	4500 元	2980 元	6500 元 (共优惠 980 元)
20 套餐 (2 年)	7500 元	5920 元	11400 元 (共优惠 2020 元)
30 套餐	4500 元	4410 元	7400 元 (共优惠 1510 元)
50 套餐	6750 元	7250 元	11600 元 (共优惠 2400 元)
100 套餐	12000 元	14000 元	21300 元 (共优惠 4700 元)
200 套餐	21000 元	26000 元	38300 元 (共优惠 8700 元)
500 套餐	45000 元	50000 元	78300 元 (共优惠 16700 元)

2. 400/800 靓号套餐资费标准

表 6-3　400/800 靓号套餐资费标准

套餐类型	原价	办公版优惠价	邮箱	办公版加邮箱优惠总价
10 套餐（2 年）	6000 元	4800 元	2980 元	6800 元（共优惠 2180 元）
20 套餐（2 年）	10000 元	8000 元	5920 元	11900 元（共优惠 4020 元）
30 套餐	6000 元	4800 元	4410 元	7700 元（共优惠 2710 元）
50 套餐	9000 元	7200 元	7250 元	12000 元（共优惠 4250 元）
100 套餐	16000 元	12800 元	14000 元	22100 元（共优惠 7900 元）
200 套餐	28000 元	22400 元	26000 元	39700 元（共优惠 14300 元）
500 套餐	60000 元	48000 元	50000 元	81300 元（共优惠 28700 元）

3. 各套餐的企业群资格一览表

表 6-4　各套餐的企业群资格

套餐基数	50 人群	500 人群	1000 人群
10 套餐	25	25	0
20 套餐	50	50	0
30 套餐	75	75	1
50 套餐	125	125	2
100 套餐	250	250	4
200 套餐	500	500	8
500 套餐	1250	1250	20

如果你资金充足的话，最好定制 400/800 版企业 QQ，以便提高企业 QQ 的辨识度和可信度。选择完套餐并注册完成之后，你就可以使用企业 QQ 进行

营销了。

需要注意的是，在企业 QQ 的设置中，你必须合理设置自身的昵称和头像。一般而言，最好是使用企业名称 \ 简称和企业 Logo。

另外，与微信公众号相同，你还需要设置企业 QQ 的自动回复，便于用户获取自助服务，同时减轻你的营销压力。

6.6.2 企业 QQ 客服

首先，客服安排。为了防止出现客服空窗期，给予用户更好的客服体验，你需要根据用户规模，尽可能地安排多个工号的客服，以多人协作的方式，为用户提供更快、更好的服务体验。

在企业 QQ 中，如果你有多个工号客服，你可以对价值用户进行分组，使各工号分工明确。你甚至可以将工号按照销售、渠道、市场分类，给予用户指定客服的权利，如果服务得到好评，也可以使用“独占客户”功能，让该工号成为该用户的专属客服。

其次，人性服务。在关键词自动回复的设置中，你应该尽量考虑到用户的所有需求，并根据用户的关键词，尽快给予相应的回复。如果用户表示自助服务无法解决问题，那么，你就要尽快安排客服给予人工服务，而不是让用户一遍遍地尝试关键词。

最后，沟通方式。在与用户的沟通中，你应该展现出自身的企业形象，或权威，或亲切，或可爱，从而深化用户对企业的认可。因此，在对客服的培训中，你应当设计统一的话术，保证各客服沟通方式与企业形象的协同性。

6.6.3 智达推荐

智达推荐是腾讯为企业 QQ 提供的一项重要的增值服务，该服务的功能就是，将企业 QQ 推荐到目标用户的 QQ 面板中，如图 6-11 所示。

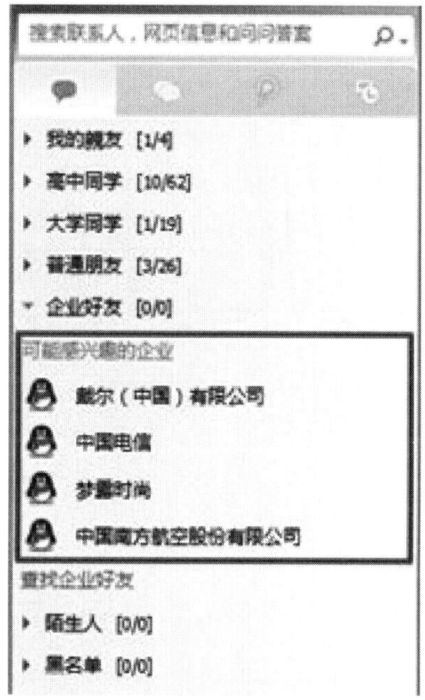

图 6-11　将企业 QQ 推荐到目标用户的 QQ 面板中

这是推广企业 QQ 的最佳方式，在这项服务中，你可以对目标用户的区域、性别、年龄、兴趣选项等要素进行定制，并约定好投放数量。之后，智达推荐则会将你的企业 QQ 推送到相应个人用户的 QQ 面板，让他们看到“可能感兴趣的企业”。

这项服务也并非一次性买卖。在支付过程中，智达推荐的收费标准，是以个人 QQ 的点击数为单位进行收费的。也就是说，你花出去多少钱，就能借此获取到多少点击量。

第 7 章

移动营销之百度营销

7.1
百度推广营销

在国内搜索引擎市场上，百度无疑是当之无愧的霸主。在这样一个巨大的流量入口平台，如果你能在搜索结果中“名列前茅”，你自然能够快速获取大量流量。为了达到这一目的，除了一定的 SEO 运营技巧之外，你也可以选择直接与百度推广合作，展开百度推广营销。

7.1.1 关键词确认

想要使用百度推广营销，你首先要确认你的关键词，制定一张目标受众关键词表，并估算出每个关键词对应的搜索量，从而对整体搜索推广机会和趋势建立模型。

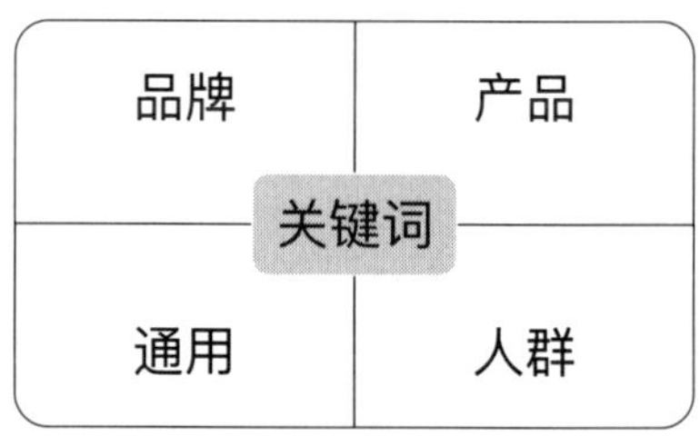

图 7-1　关键词分类

一般而言，关键词可以分为四大类，每类关键词的用途也有所不同，如图 7-1 所示。

第一，品牌类，即公司品牌或特有性质类的关键词，如公司名称、网站域名、热线电话、产品名称等。当用户搜索此类关键词时，就说明对你的品牌已经有一定的消费倾向，因此，你需要让用户快速找到你的信息，并避免竞争对手购买自己的关键词，抢夺客户。

第二，产品类，即具有特征涵义的产品关键词，如“音乐手机”“游戏笔记本”等。此类关键词表明了用户的消费需求，因此，通过购买此类关键词，你能够争取到更多的潜在用户。

第三，通用类，即不包含品牌的某种一般性关键词，如“手机”“笔记本”等。此类关键词表明用户对此具有一定的欲望或兴趣，但距离消费尚有距离，此时，你就可以凭借具有诱惑性的营销信息，刺激他们转化为消费者。

第四，人群类，即目标用户的主流兴趣点关键词，如“巧克力与鲜花”“联想与华硕”等。你可以购买目标用户感兴趣的关键词，或竞争对手的关键词，虽然相关性较小，但同样具有一定的引导作用。

7.1.2 竞价排名

在百度推广首次开户时，你需要一次性缴纳5600元费用，其中，600元为缴纳给百度的服务费，5000元则是你的预存推广费用。开通服务后，你就可以根据选择的关键词设计投放计划，每当有用户点击你的推广信息时，百度都会自动从你的预存费用中扣除相应的点击费用，直到你的推广费用花完。

那么，你该如何利用竞价排名，让你的推广费用效益最大化呢？

1. 拍卖机制

在百度推广中，无疑排名靠前的信息，可以获得更多的关注和点击。当多个商家选择同一关键词时，你就需要经过拍卖赢得你的推广排名。

在该拍卖机制中，推广商户需要为每个关键词设置一个最高点击出价，也就是你愿意为一次点击付出的最高单价。百度推广则会根据该价格，将每个商家的信息进行排名。

2. 合理出价

排名第一的信息虽然能够获得最高的点击量，但在拍卖过程中，由于激烈的竞争，点击价格可能过高。此时，你的预算可能会在相互竞争中迅速耗光，而第一名的点击量为你带来的收益，可能还抵不上你的推广成本。

因此，在竞价排名中，你需要对投入产出进行分析，通过研究每个关键词的盈利水平，合理出价。你需要对出价、点击价格、点击量、费用、产出和盈利进行对比分析，从而做出你的最优选择。

如图 7-2 所示，第一名的推广信息虽然能够获得多达 190 的点击量，但最终的盈利却是 -57，此时，第三名的推广信息，即使只有 70 的点击量，却能够获得最高的 42 的盈利。

排名	出价	点击价格	点击量	推广费用	后期产出	盈利
1	2.00	1.80	190	342	285	-57
2	1.60	1.20	120	144	180	36
3	1.10	0.90	70	63	105	42
4	0.70	0.50	40	20	60	40

图 7-2　合理出价

3. 提高质量度

在百度推广中，你要考虑的并不仅仅是排名，质量度才是关键的考量因素。

比如百度最热的关键词是“手机”，但你的产品是“鲜花”，此时，你虽然可以将“手机”设为自己的关键词，以最热词的最高排名获取最多的点击量，但却可能让用户因为毫不相关的信息，而产生负面的体验。

因此，百度推广也引入了“质量度”的概念。所谓质量度，反映的就是用户对于推广信息的接收程度，搜索者越感兴趣、体验越好，你的质量度也就越高。

质量度与出价相乘，就能得出百度推广的综合排名指数（CRI），这也是百度推广排名真正的衡量标准。

根据百度推广规则，如果你的推广信息质量度很高，那么，即使你的出价较低，你的排名也会靠前。

7.2 百度知道营销

百度是全国最大的搜索引擎，百度知道则是全国最大的问答平台。亿级的用户规模，使得百度知道成为百度营销的重点平台，那么，如何依靠百度知道实现营销目的呢?

7.2.1 百度知道回答技巧

在百度知道中，你可以通过回答别人的提问，穿插自身的营销信息，如图7-3所示，在给予别人帮助的同时，将别人引导到你的平台当中。但在回答问题时，同样有一些小技巧。

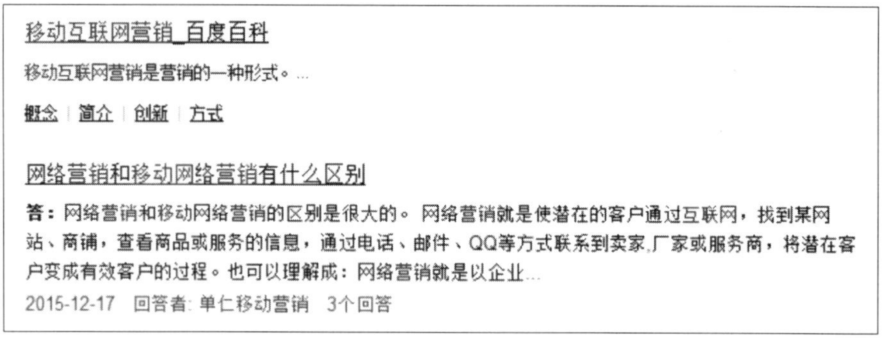

图 7-3 百度知道营销

1. 高等级账号

对于每个百度知道的回答，百度都会对其进行审核，以免大量的营销信息影响用户的使用体验，尤其是附带网址链接的回答，更是百度的重点审核对象。此时，高质量的账号则能够更容易地通过审核，因为此类账号对于百度贡献较大，因此百度会适当忽视。为了快速获取高等级账号，你可以直接去淘宝等平台购买。

2. 寻找问题

在回答问题之前，你首先要找到问题。你可以进入百度知道的分类页面，查找与自身品牌相关的分类，并查找相关问题；也可以设置关注分类 / 关键词，让百度知道系统主动推荐问题给你；还可以直接搜索关键词，找到对应的问题。

3. 认真回答

百度知道营销的问题回答，并不是简单地将你的产品、链接填入回答框，而是要将文字与链接结合在一起。在为用户提供有用回答的同时，吸引用户点击链接，这也能避免被百度知道删除或封号。事实上，回答问题就是找到用户、营销、管理三方之间的平衡点，努力做到答案有用、穿插营销、避免屏蔽。

4. 注意频率

回答问题能够实现营销信息的曝光，你需要持续进行，但不要每天回答过多的问题。事实上，百度知道的问题更新很快，你很难抓住每个相关问题去回答。每天早中晚抽出 15 分钟的时间搜索相关问题并回答即可。需要注意的是，你的回答时间间隔最好保持在 5 分钟以上，以防过快回答过多问题，被百度知道重点关注，发现你是营销账号而给予处罚。

7.2.2 百度知道提问技巧

在百度知道营销中，你可能很难找到太多的相关问题，此时，你则可以采取自问自答的方式，或提问调查的方式，进行百度营销。

1. 自问自答

在百度知道提问时，你当然要紧抓自身的营销主题，并有意识地频繁提到营销关键词。比如在提问标题中写上“想学习移动营销，请问去哪里学移动营销比较好？”并在详细描述中进一步提到其他相关关键词，保证你的提问能够被更多地搜索到。

提问之后，你需要让问题停留一段时间，以便让它得到更多的关注。百度知道的问题等待时间长达 14 天，你可以在提问后 1 ~ 2 天再回答。

需要注意的是，在自问自答中，需要使用大量的 ID（账号）和 IP（地址）。如果你的问题和回答总是在某几个账号之间进行，那无疑会引起百度知道的关注；即使账号不同，如果其 IP 地址都相同，那么，你甚至会面临全部账号被封的命运。

如果你没有足够的技术支持，你也可以加入百度知道互答群，在帮助群友进行百度知道营销的同时，让他们来回答自己的问题，从而实现更好的营销效果。

2. 提问调查

在百度知道中进行提问，同样是一种市场调查的有效方式。将你的市场调查问题放入百度知道中，前来给你作答的用户，实际上就成了你市场调查的样本。

比如你准备推出一个新款智能手机，你就可以在百度知道中提问，利用“现在哪个智能手机比较好”“学生党智能手机多少钱的比较好”“智能手机哪方面比较重要”等问题，以便了解市场需求，从而完善自身的新品定位。

7.3 百度文库营销

在百度营销体系中，百度文库算是比较新的营销工具。通过上传有价值的文章，你的内容可以获取相当可观的流量。然而，为了保证百度文库的良好体验，百度也相应地提高了审核标准，这就为百度文库营销带来了一定的困难。

因此，在百度文库营销中，你首先要考虑的是你的文章是否能够通过，其次，再考虑以内容吸引用户，并适当穿插营销内容。

1. 选择好格式

百度文库支持不同格式的文档类型，一般而言，Word 文档的用户体验比较好，但通过审核的难度也相对较大。如果没有足够的软文策划能力，你可以选择 PPT 和 PDF 格式的文档，以便提高文档的通过率。

2. 制作好内容

作为一个内容类平台，百度文库的定位就在于传播知识，因此，其对于文档的内容要求也相对严格。你一定要制作好自己的内容，保证文章具有可读性，最好是用户需要的知识。切忌上传新闻类的文章，因为新闻的时效性太强，很难利用文库保证持久的曝光。

在内容制作上，你最好保证内容长度在三页以上，一方面可以提高文章的通过率，另一方面，较长的内容，也便于你在其中插入营销信息，而不显得过于突兀。

插入营销信息时，你可以根据文章主题，将自己的产品作为案例提出，并给予正面的评价，也可以根据文章内容，将自身的宣传图片作为文章配图。总之要遵守一个原则，那就是“够软”，尽可能地隐藏你的营销意图。

3. 设定好标题

在SEO运营中，标题是十分重要的元素。既然你要做百度文库营销，就一定要保证自己的文章能够经常被用户搜索到，这就需要一个好的标题作为支撑，它能够让你在关键词搜索中获得更高的排名和更多的曝光。

但要注意的是，在标题中，切忌表现出你的营销目的，尽量表现出“学术文章”的气质，比如采用“如何做好移动营销”“移动营销十大经典案例”之类的标题，如图7-4所示。

4. 满足用户需求

市场需求瞬息万变，在百度文库中也经常会出现这样的情况：某个主题很火，搜索的人很多，但百度文库中却缺少相关的文章。此时，为了尽快满足用户的信息需求，在内容审核中，百度也会适当放宽，以满足用户迫切需求为前提。

你可以利用这一点，抓住百度文库的空缺，以相关内容进行填补。即使你的营销信息较为明显，只要保证内容质量，也能够获得通过。

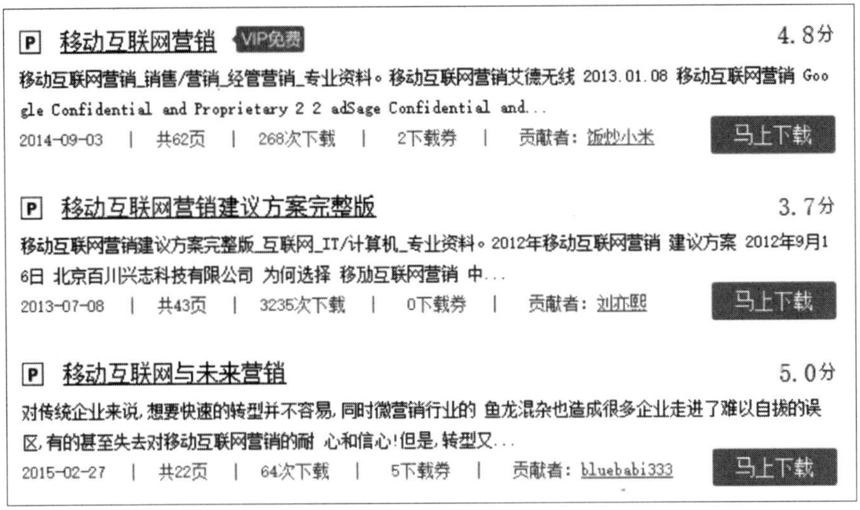

图 7-4　百度文库营销

7.4 百度云营销

7.4.1 百度云盘

在云时代，用户的互联网生活也被搬到云端，各路云盘蜂拥而起，免费的大容量云盘为用户带来了极大的便利，也为移动营销带来了新的渠道。

作为互联网三巨头之一，百度利用自身服务器资源和互联网技术，推出的百度云盘也成为云盘市场的霸主。那么，你如何利用百度云盘做移动营销呢?

其实答案很简单，在这个资源共享的年代，你的资源都可以通过云盘分享给别人。在优质内容的分享中，你就可以将自己的营销信息添加到其中，让用户在获取优质资源的同时，获悉你的营销信息。

一般而言，你的百度云盘营销有三种方式：第一，以营销信息命名文件；第二，生成营销文件（如图片、文本、视频等），放入分享文件夹中；第三，将营销信息插入资源内容当中。

但要注意的是，在版权管理越发严格的今天，切忌分享侵犯版权的资源，更不要分享违法资源，以免遭到百度云盘的查封。

立足于百度云盘，你的百度云营销也可以从相册、文档、影音三个方面着手。

7.4.2 百度相册

打开百度云盘中的“相册”功能，你就可以进入“图片广场”，在这里，你可以看到大量的热门精美照片。你可以根据“家居”“美食”“旅游”“宠物”等分类，浏览各种图片；你也可以凭借精美的照片，让自己在这里获得一席之地。

在百度相册的“图片广场”中，任何热门照片都可以轻松获得一万以上的浏览量，这些流量的价值通常极高。凭借精美的照片，你可以吸引用户的目光，当用户点击图片时，除了看到大图展示之外，右侧栏还会显示你的用户信息和该图片的评论信息。

如果你的照片足够诱人，用户则会点击你的用户名，进入你的百度相册查看更多照片。此时，他们就很容易看到你的营销照片。

在使用百度相册营销时，你可以组建多个类别的相册，并上传大量精美照片，从而在多个分类中获得曝光，吸引用户点击进入你的百度相册，从而增加你的营销照片的曝光量。

7.4.3 百度文档

除了照片之外，文章同样是获取关注度的重要资源。正如百度文库的重要性一样，你同样可以在百度云盘中，分享各种优质文章。但与百度文库不同的是，百度云盘的文档具有更强的分享属性，如果你能够持续分享高质量的文档，你就能够成为用户的“私人文库”。

凭借“图书馆”的权威，用户在从你的云盘中获取优质文档内容的同时，也会接收你的广告信息。更为关键的是，你完全可以将你的营销信息设为文档的页眉、页脚、背景，这样一来，随着文档的每次分享，你的营销信息都能够带来一次曝光。

7.4.4 百度影音

在百度云盘的资源分享中，传播最广的资源无疑是影音资源。限于某些因素，很多用户难以通过正常渠道，获得正版的影音资源，尤其是一些国外影视音作品，更是如此。

因此，如果你的百度云盘中拥有这类资源，则能够获得极佳的传播效果。在影视作品的分享中，你甚至可以将你的营销信息融入其中，放在片头或片尾，在不影响用户体验的情况下，传播你的营销信息。

除此之外，百度还推出了专门的影音播放器——百度影音。基于该应用，你的资源甚至无需用户下载，只需他们在百度影音中搜索，就可以获取你的影音资源。

7.5
百度百科营销

在百度搜索的权重分配中，百度百科无疑具有最高的权重，在日常搜索中，除了推广信息之外，关键词相关的百科信息，几乎都被排在第一条。基于百科的权威性，对于用户而言，百科类信息也具有极高的可信度。更为重要的是，百度百科的词条创建是免费的。因此，运用好百度百科，是百度营销的重要方法，如图 7-5 所示。

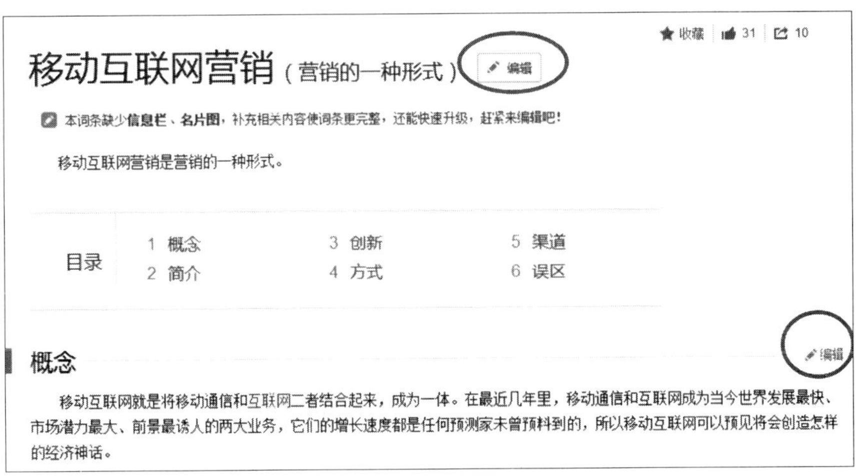

图 7-5　百度百科营销

7.5.1 创建企业百科

在创建百度百科时，你首先应该基于自身品牌、产品和服务，创建相关词条，从而维护企业自身的形象，避免被竞争对手抢先创建，并在其中发布负面信息。

当用户在其他渠道了解到你的品牌、产品或服务时，只要产生兴趣，他们都会“百度一下”，查看更多的相关信息，从而避免因为信息不对称造成的损失。此时，除了利用百度推广让你的信息排名前列之外，你也要创建相关词条，利用百度百科的权威性，维护自身形象，彰显品牌魅力。

需要注意的是，百度百科之所以具有如此权威性，是以其严格的审核制度为前提的。因此，在创建词条时，你应当熟读百度百科的“创建词条引导”，熟悉相关规则，如图 7-6 所示，并设定符合要求的词条名、主题、内容和参考资料，以便提高词条通过审核的成功率。

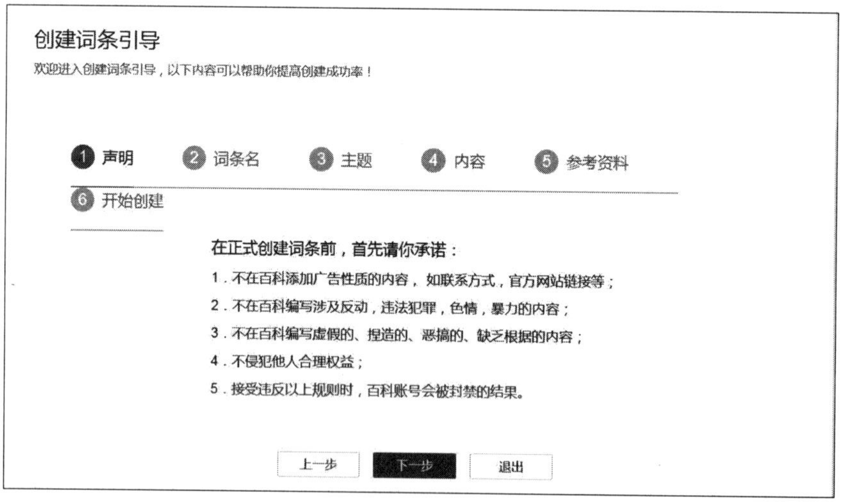

图 7-6 创建词条引导

7.5.2 创建相关词条

除去针对自身品牌、产品直接创建词条之外，你还可以创建相关内容的词条，并将你的营销信息作为案例或参考资料，添加在其中，从而达到借势营销的目的。

此时，你一定要做到尽量客观，以免被察觉营销意图，导致词条审核不通过。

比如你的产品是VR（虚拟现实）主机，那么，你就可以创建VR词条，并将你的主机作为案例放入其中；另外，你还可以撰写相关的文章上传至百度文科，并将该文章作为参考资料，附在词条末尾，从而实现整合营销。

7.5.3 占据多个平台

如今，百科类平台并不止百度一家，国内还有互动百科、360 百科、搜搜百科等，国外权威百科则有维基百科。因此，在创建词条时，你不能只盯着百度一家，而要占据多个百科平台，保证你的百科词条在所有搜索引擎中都能名列前茅。

国内百科词条的创建其实很简单，在创建百度百科词条成功之后，你只需将之复制到其他百科平台上，基本都可以顺利通过审核。

但要注意的是，国外的维基百科对于版权审核较为严格。因此，如果你想要占据国内外的百科平台，最好先创建维基百科词条，再将之复制到国内百科平台上，以免维基百科因“侵权”而拒绝你的词条创建。

7.6 百度贴吧营销

百度贴吧是国内最大的社群网站，其超过6亿的注册用户让无数营销人士眼馋。当大家纷纷研究贴吧营销策略时，百度也在2012年9月3日的“百度世界”上，宣布推出贴吧推广，以满足广告主的社会化营销需求。

7.6.1 贴吧推广

2012年9月3日，百度推出植入性社区广告产品——贴吧推广。该产品正是帮助营销人士进行百度贴吧营销。借助该产品，你可以在百度贴吧中获得官方认证和特权功能，增加自身账号的权威性；也可以发布多种格式的营销信息，并添加外部链接……多种功能，能够让你全方位挖掘百度贴吧的营销价值。

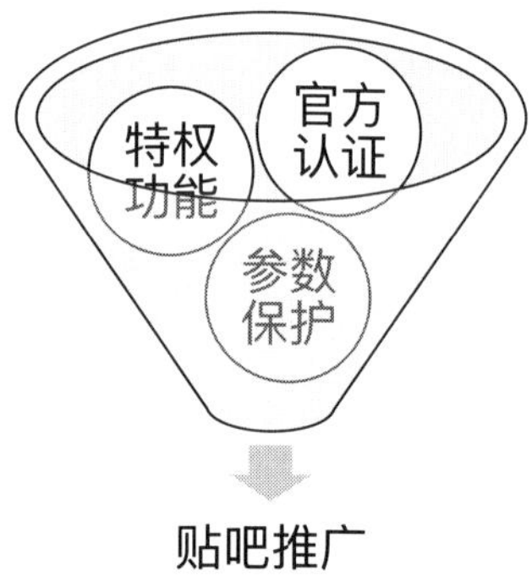

图7-7 贴吧推广的优势

更为重要的是，在热门贴吧中，普通用户的帖子如果没有优质内容的支撑，可能很快就会“沉底”，但购买百度贴吧推广产品之后，你的推广帖子却能够在后台参数的保证下，获得独有的降速参数保护，如图7-7所示，还可以浮动出现在贴吧的“黄金注视位置”。

另外，当你填写完成关于目标用户的参数信息之后，百度贴吧推广还会为你智能选择此类用户聚集的贴吧，你可以根据这些推荐贴吧进行筛选投放。

当然，虽然贴吧推广能够让你的营销信息获得更加有效的推广渠道，但成功的关键，仍然在于你的营销内容。如果内容不够诱人的话，那么，再多的曝光，也无法为你带来想要的点击量和关注度。

7.6.2 贴吧合作

在百度贴吧中，除了凭借贴吧推广功能，实现推广信息的优化投放之外，你还可以进驻百度贴吧企业商业平台，申请合作，运营专属于你的地区吧、兴趣吧和企业吧。

1. 地区吧和兴趣吧

当你对你的目标用户精准定位之后，如果在你的用户模型中，地区和兴趣要素表现出极高的相关性，那你就可以与百度贴吧合作，运营相应的地区吧和兴趣吧，从而更轻易地挖掘你的目标用户。

首先，所谓地区吧，就是以区域、地名来命名的百度贴吧。目前，地区吧共有 34 个省级行政区吧，300 余个地市级贴吧，2000 余个县级活跃吧，50000 余个商圈、社区、村镇地方吧，200 余个海外吧，涵盖国内 99% 的行政区域，是本地网民最喜爱的同城网络社区。

其次，所谓兴趣吧，就是以兴趣命名的贴吧。目前，兴趣吧主要包含音乐、电影、电视剧、电视节目、电脑数码、科学技术、教育培训、金融、生活用品、企业、生活共 11 个大目录。但兴趣吧的内涵还能够继续挖掘，如美容、收藏都可能成为新的兴趣吧。

在运营地区吧和兴趣吧时，你一定要注意细分。由于地区和兴趣的大类分类是有限的，想要运营大类贴吧通常需要面临极大的竞争压力，而通过细分，运营小类地区和兴趣贴吧则更加容易。

2. 企业认证贴吧

论坛是很多品牌营销的重要阵地，但想要成功运营一个论坛并非易事。此时，你不妨借助百度贴吧的社区属性，创建自有贴吧，将之打造为自己的品牌论坛。创建贴吧的过程并不复杂，你只需输入贴吧名称，就可以等待审核通过。

但需要注意的是，贴吧的名称不能与已有贴吧名称重复。因此，如果你的品牌贴吧已经被“抢注”，你可以进入该贴吧，申请管理员权限。

最为直接的方法就是，申请你的“企业认证吧”，让你的贴吧获得百度企业认证，从而提高该贴吧的权威性，如图 7-8 所示。认证成功之后，你就可以将之作为企业官方论坛，推荐给用户使用，让用户在贴吧里相互交流。

图 7-8　企业认证吧享受多重特权

7.6.3 贴吧运营

虽然百度贴吧在很大程度上能够替代论坛，但作为百度的特色产品，百度贴吧的运营却与传统的论坛不同。当你成为一个贴吧的吧主时，你则要通过运营，进一步发挥百度贴吧的营销价值。

1. 贴吧主题

在贴吧运营中，你首先要确定你的贴吧主题。贴吧主题就是这个贴吧的发展方向，也是吧友交流的共同话题，还是引导用户进入贴吧的关键要素。

2. 贴吧管理

贴吧的管理仅靠你一人之力很难完成，因此，在确定自身的吧主地位时，你还可以给予他们管理员权限，帮助自己进行贴吧管理。一般而言，对于管理员的选择，你可以从合作者、知名吧主、活跃用户中选择。

3. 贴吧建设

一个贴吧的成功与否，关键在于吧内氛围是否活跃和规范。因此，在贴吧运营中，你需要制定好贴吧的吧规并置顶，并严格据此管理吧务；你还可以利用加精、置顶等权限，借助优质帖子黏住用户；除此之外，活动帖、新人爆照帖、投票帖等也是提高吧内人气的有效手段。

4. 贴吧联合

在管理好吧内事务的同时，你还可以与其他相关贴吧联合，不断发掘“友吧”，并建立联合，实现不同贴吧用户之间的互动，进一步提高贴吧的传播效率和内容质量。

7.7
百度直达号营销

2014 年 9 月 3 日，百度“世界大会”推出“直达号”产品，“直达号”立足于移动互联网，为传统服务行业转型提供解决方案。在“直达号”推出初期，其采取的是邀请制模式，而到如今，拜读直达号也已经全面开放申请，成为移动营销的重要一环。

7.7.1 百度直达号的开通

百度直达号的开通并不复杂，但却需要提供较多的资质材料。

第一步，提供资质材料。根据百度直达号的《资质信息各字段填写要求表》，你需要准备的材料如下。

表 7-1 百度直达号的《资质信息各字段填写要求表》

所需字段	填写要求
营业执照（或组织机构代码证）扫描件	1）请提供证件的原件照片或彩色扫描件，文字 / 盖章清晰可辨认 2）格式要求 png、jpg、jpeg，不超过 10M
营业执照注册号（或组织机构代码证号）	与营业执照（或组织机构代码证）保持一致
企业名称（或组织名称）	请提供原件的照片或彩色扫描件，格式要求 png、jpg、jpeg，不超过 10M
运营者姓名	*

续表

所需字段	填写要求
运营者身份证号	请填写18位身份证号
运营者手机号	*
运营者邮箱	*

第二步，填写直达号信息。资料校验无误之后，你就可以填写直达号各类信息，包括直达号名称、简介、Logo等。如果涉及特别驰名商标还需要提供品牌证明或者商标注册证，如果分公司申请总公司的直达号需要提供总公司的授权书。

第三步，提交审核。信息提交完成之后，你就可以提交审核。在三个工作日内，你就可以通过邮件、短信、消息获悉你的审核结果。

第四步，开点/建站。开通百度直达号，是为了链接你的移动店铺或站点，从而获得更多的移动流量。因此，你需要将你的直达号与之相链接。如果你没有移动店铺/站点，也可以在百度直达号中，点击“立即开店/建站”创建自己的直达号小店。需要注意的是，如果你经营的是特殊行业，如食品、医疗、金融等，还需要提供相关的许可证材料。

开通完成，百度移动搜索用户就可以搜索关键词之后，找到你的移动店铺或站点。如果用户搜索“@你的直达号小店”，则可以跳过搜索结果，直接进入你的直达号小店。

7.7.2 百度直达号的运营

很多人将百度直达号与微信公众号类比，从产品目的上来看，两者都是为了帮助传统企业提供移动互联网转型的解决方案，但从产品性质上来看，微信公众号更多的是为企业提供一个移动服务平台，而百度直达号则是一个移动展示平台。

相比于微信这样一个“半封闭”的平台，百度直达号则显得更加开放。在移动搜索领域，借助百度直达号，你可以直接将百度的搜索框变成直达你的移动店铺的地址栏，如图 7-9 所示。

图 7-9　百度直达号更加开放

根据百度直达号的功能，其运营方案也分为以下三个方面。

1. 吸引新客户

在百度直达号平台，借助手机百度和百度地图 APP，你可以获得大量的需求流量。除去手机百度的搜索流量之外，在百度地图上，你可以通过“地图标记”享受百度直达号的地图推广服务。

具体而言，在“地图标记”中，选择添加地址，你就可以添加地址。你需要填写位置名称、所在区域、电话等信息，并上传店铺的门脸照片。其中，在填写街道具体地址时，点击“标注到地图”，百度会找出大致的位置，如果存在错误，你也可以自行拖动标记图标到正确位置。最后点击提交，确认地址，就可以进入审核状态。

2. 转化成订单

当用户搜索到你的店铺信息时，他们也会看到你的各种优惠信息，如优惠券、代金券和直接折扣等。借助百度的搜索、支付一站式服务，搜索用户能够在很短的时间内完成消费，快速被转化为消费者。

3. 管理老客户

百度直达号还为你提供了 CRM 后台，帮助你进行客户管理。在 CRM 系统中，你可以轻松管理客户订单、消费记录、客户个性化信息等多方面资料，并对每个用户进行标签化处理。如此一来，你就能够为每个客户推送更具针对性的推广信息，从而培养忠实客户群体。

另外，百度直达号还会为客户提供 1 对 1 服务，实现快速响应客户投诉，无需你花费额外成本，即可极大提升客户体验度。基于直达号强有力的用户评价机制，你也能够全面收集客户评价与建议，以增加客户满意度。

7.8 百度搜索再营销

百度推广提供的竞价排名，是百度营销的重要组成部分。但在实际操作过程中，也可能存在这样两个问题。

第一，竞价排名的价格过高，尤其是一些流量较大的关键词，可能会让营销预算迅速花完；第二，关键词的转化率较低，高价买来的点击量却可能无法转化为实际购买，反而造成浪费。

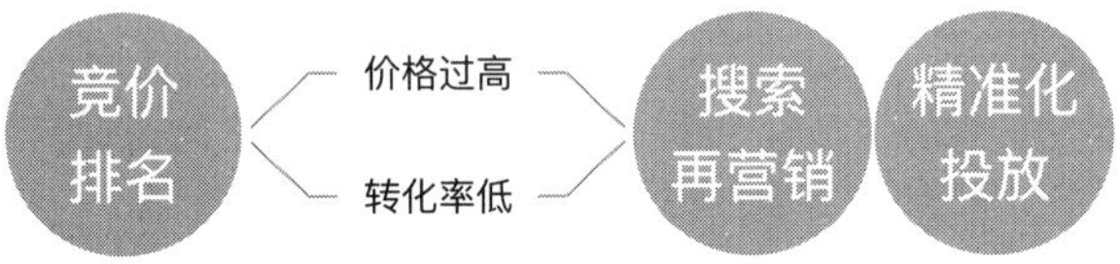

图 7-10　竞价排名的劣势与搜索再营销的优势

为了提高百度搜索的营销价值，百度推出了“搜索再营销”功能。根据百度的注释，该功能就是对特定人群进行针对性的广告投放，从而实现精准化投放。竞价排名的劣势与搜索再营销的优势如图 7-10 所示。

具体而言，搜索再营销，就是圈定出那些曾经搜索过特定关键词或访问过指定页面的用户，将你的推广信息展示在他们的再次搜索结果中。也就是说，借助搜索再营销工具,你就可以获得一次用户过滤的服务,提升目标用户的比率,从而进一步提高点击量的转化率。

以手机为例，很多用户第一次搜索“手机”时，可能只是了解某品牌手机的相关信息，或寻找已买手机的相关问题，他们搜索该关键词并非为了购买，而是单纯为了获取信息。然而，如果该用户曾经搜索过某相关关键词，或访问过相关页面，那么，他们再次搜索时，就很可能是为了购买该手机。因此，此类用户的转化率也将更高。

7.8.1 关键词叠加

单个关键词的搜索往往无法表明该用户的消费倾向，但两个关键词的叠加，则能够基本判定其为潜在客户。此时，你需要找到相关性最高的两个关键词，将首次搜索关键词与再搜索关键词相结合，对搜索用户进行筛选，从而更为精准地找到目标用户。

如果你的产品是韩国化妆品，那么，你就可以将“韩剧”与“化妆品”关键词相关联并设定：如果用户曾经搜索过“韩剧”，当她搜索“化妆品”时，就展示你的推广信息。

7.8.2 访问历史叠加

与关键词叠加类似，用户的访问历史与关键词的叠加，也能够圈定出你的目标用户。你可以将某主流页面设为你的推广前提，当访问过该页面的用户搜索特定关键词时，就能够证明他们是你的目标用户。

如果某用户访问过中关村在线（国内第一科技门户）的笔记本频道，又搜索了“游戏本”关键词，那么，作为游戏本经销商的你，就可以判定他是你的潜在消费者。

第 8 章

移动营销之微博营销

8.1
微博（图文）营销

在移动社交市场，微博一直与微信并列“双雄”，而微博的独特社交定位，也能够让其避免微信的侵袭。尤其是当新浪微博击败腾讯微博、搜狐微博等同质化产品后，成为“微博”一家独大的产品时，微博在 2015 年“逆增长”，以 2.1 亿活跃用户的数字，击溃了一切“微博走向衰落”的论调。

自 2009 年 8 月，新浪微博开始内测以来，新浪已经走过 6 个年头，并以“微博”之名，于 2014 年正式登陆纳斯达克。

伴随着移动互联网时代的到来，如今，微博也不再像以前那样，随便一个账号“耍些花架子”，都可以“玩”出大量粉丝。那么，移动营销时代，如何扎实自身，练好微博营销的基本功？

8.1.1 官方微博营销

如果你是做企业营销，官方微博就是你微博营销的基本配置。那么，官方微博应该如何运营呢？

首先，微博名称。官方微博的账号名称一定要坚持精简，便于用户的搜索和记忆。一般而言，你的官微名称使用你的品牌简称即可。

如小辣椒手机的官微名称，一开始是“语信小辣椒手机官博”，这样的名称该如何记忆与搜索？因此，之后不久，他们就将官微名称直接改为“小辣椒”，如图 8-1 所示。

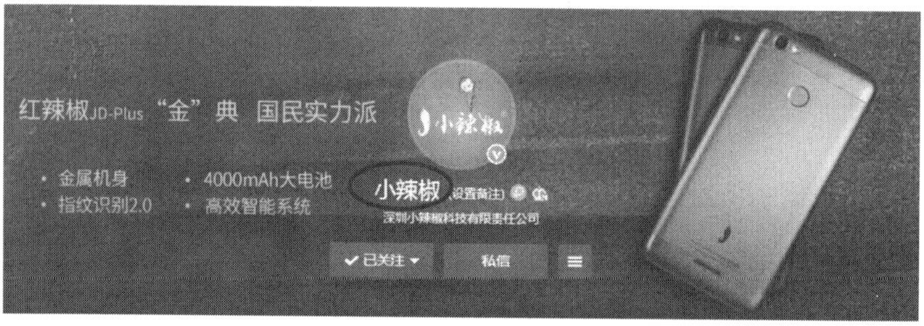

图 8-1　小辣椒手机的微博名称设置

其次，账号昵称。微博营销的关键在于“人性化”，你必须展现出人性化的色彩，才能引起用户的兴趣。在微博名称已经采用品牌简称的前提下，为了弱化微博名称造成的疏离感，你可以为自己的账号起个与品牌相关的昵称。

比如杜蕾斯官微以“小杜杜”自居，迅雷官微则被称为“雷叔”“雷娘”。值得一提的是，随着日漫的流行，很多官微习惯称自己为“**君”，在此类昵称的滥用中，粉丝也逐渐表现出反感。

再次，VI 设计。VI 的全称是视觉识别系统，通俗来说，VI 就是你的品牌图腾、徽章。在 VI 的设计推广中，你甚至能够实现，只需一个简笔画或一片色彩，就能引起用户的联想。为此，你就要在设计出自身 VI 之后，在所有营销界面，做好视觉风格的统一性。

在传统营销领域，最成功的VI设计就是NIKE，任何“打钩”的地方都可能引起用户的联想。而在移动营销时代，天猫黑红色玩偶、迅雷的蓝色蜂鸟、腾讯的企鹅等，都能够让用户下意识地产生联想。

最后，微博矩阵。企业的力量在于组织的力量，因此，在官微营销中，你也要运用好组织的力量，将组织内部凝聚力挪移到微博中。在企业、部门、员工的协同下，建设微博矩阵，能够很好地实现营销效果。

一般而言，你可以建立如图8-2所示的矩阵策略模型。

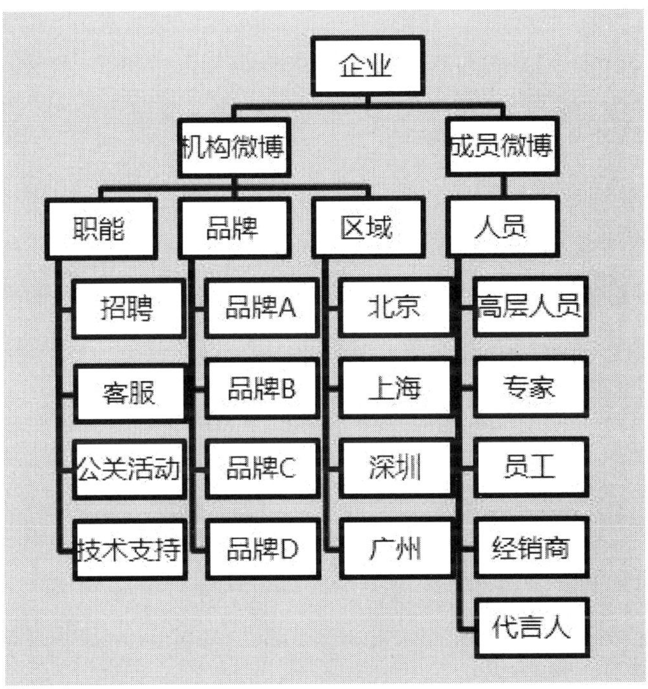

图8-2 微博矩阵策略模型

8.1.2 快速“增粉”策略

粉丝是微博营销的基础，想要在微博中快速“增粉”，就要给予用户关注你的原因、动力，或者说——好处。

1. 关注你的原因

用户为什么要关注你呢？因为大家都关注。

基于大多数人的从众心理，你可以先想办法获取一些初期的粉丝基数和转发数量。最好的方法，无疑是“大 V”推荐，另外，也可以采取雇佣“水军”的方法。但要注意的是，“大 V”推荐能够长久有效，而“水军”则不能滥用，否则会起负作用。

拥有这些基础之后，你则可以利用微群、微博话题、微博搜索等工具，进一步“增粉”。

2. 关注你的动力

用户关注你能获得什么？因为价值。价值要如何体现？诱人的奖励是价值，但关键价值却在于优质的内容。

想要快速“增粉”，转发 @ 好友的抽奖活动是最直接的方法，如图 8-3 所示。发布营销微博，并附加活动“转发该微博，并 @ 五个好友”，即可参加抽奖。然而，逐渐地，这种方法也因为“扰民”而受到用户的排斥，因此，“木有乱七八糟的条件”的转发抽奖则成为比较常用的方法。

但在快速“增粉”之后，你还要将粉丝留下来。否则，抽奖一过，你就会遭遇大量的“掉粉”。因此，优质的内容和趣味的互动则成为黏住粉丝的关键。

图 8-3　转发抽奖活动

8.1.3 发布营销微博

有了微博账号，有了粉丝数量，接下来，你要做的就是营销。在粉丝纷纷“唾弃”营销号的今天，你如何发布营销信息呢？

其一，直接发布硬广。当你的微博表现出明显的营销性质，那么，你不妨直接将营销微博置顶。毕竟，你建立微博就是为了营销，在为用户持续提供优质内容的前提下，适当发布硬广，并不会引起多数用户的反感。

其二，软性植入广告。营销微博最常用的方法仍然是软文，趣味的内容，能够在不知不觉间，让用户接受你的营销推广。一般而言，软性植入的载体包括段子、长微博、漫画等。如今，长微博的图文植入则是最有效的方法。

其三，举办营销活动。最常见的营销活动就是转发抽奖，此时，你可以将你的产品或服务作为奖品。除此之外，晒图评选、明星微代言等活动，同样有效。而营销效果最好的则是事件营销——微博是事件营销的最佳平台。

8.2 长微博营销

受限于微博的 140 字限制，你很难“完美”地展现自己的营销信息。但在实际使用过程中，你却能够找到各种突破字数限制、发“长微博”的方法。

8.2.1 “长图”长微博

发布微博都可以添加图片，那么，是否可以将更多的图文内容剪接在一张图片中发布呢？答案当然是可以的，事实上，如今，大多数长微博的发布采取的都是这种方式。因为对于用户而言，只需加载图片，就能看到完全的内容，使用体验十分良好。

那么，如何制作“长图”长微博呢？

1. Word 制作法

Word 是每台电脑都安装的办公软件，你也可以使用它制作“长图”内容。需要注意的是，Word 制作法虽然工具简便，但在使用过程中，你却需要先创建一个适用于“长图”展示的文档模板。

“长图”的 Word 模板制作较为麻烦，涉及页边距、纸张、版式等多个要素的细节设置，前期操作较为烦琐。好处在于一次设置之后，你只需保存该模板，即可继续使用。

2. 拼图制作法

如果你的长微博内容都是图片，你则可以采取拼图制作法。拼图制作“长图”的方法很简单，可以使用 Photoshop，也可以使用美图秀秀，只需准备好相似像素的图片，并对其进行顺序拼接，则可以制作出一张效果不错的“长图”。

3. 长微博工具

长微博作为微博营销的重要工具，各种长微博工具也顺势而生。你直接百度“长微博”，即可搜索到多款长微博工具，如图 8-4 所示。

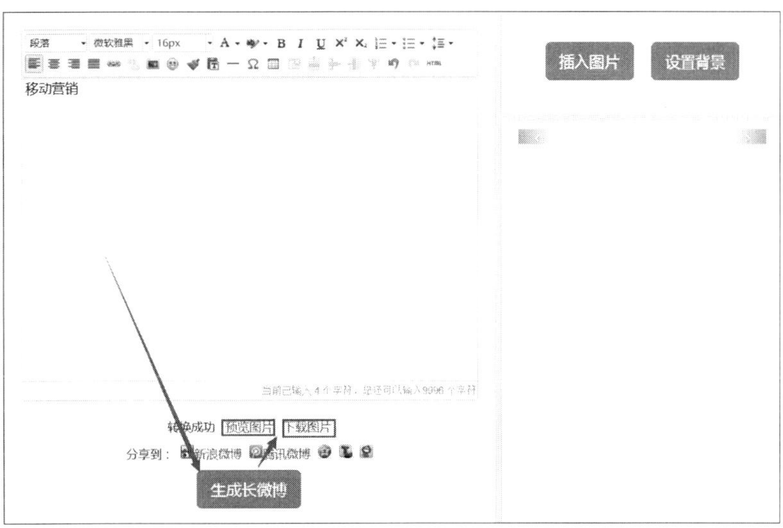

图 8-4　长微博生成工具

目前，“长颈鹿”是比较简便的长微博制作工具，打开其官方网页，你就可以直接在文本框中输入文字、插入图片，编辑完成之后，点击下方的“生成长微博”则可预览图片，检验无误之后，则可下载图片。

8.2.2 “文章”长微博

微博官方也为用户提供了长微博发布工具。

1. “文章”

过去，在微博编辑框的下方就有“长微博”选项，如今，该选项则更名为“文章”。顾名思义，使用该功能，你就可以发布一篇文章。在编辑框中，你就可以输入文字，并插入表情、图片、视频，以及音乐、电影或地点。

编辑完成并预览无误后，则可进入下一步。此时，你可以编辑一段短微博，对该长微博内容进行描述，并插入表情、图片，也可以选择“定时发”。

发布之后，用户就可以看到你的短微博信息了，而在短微博的末尾，则是你的文章链接，用户点击之后就可查看此篇文章。

2. “头条文章”

相比于“文章”长微博，“长图”的制作无疑更加简便，“长图”也由此成为多数营销长微博的首选。为了改变这种现状，并让优质内容能够为发布者带来更多的收益，微博又推出了“头条文章”功能，如图 8-5 所示。

“头条文章”选项同样分布在微博编辑框的下方，点击“头条文章”之后，你就可以进入编辑页面。插入封面图，输入标题、导语，编辑文章内容之后，你就可以发布“头条文章”了。从发布方式上来看，“头条文章”与“文章”较为相似。

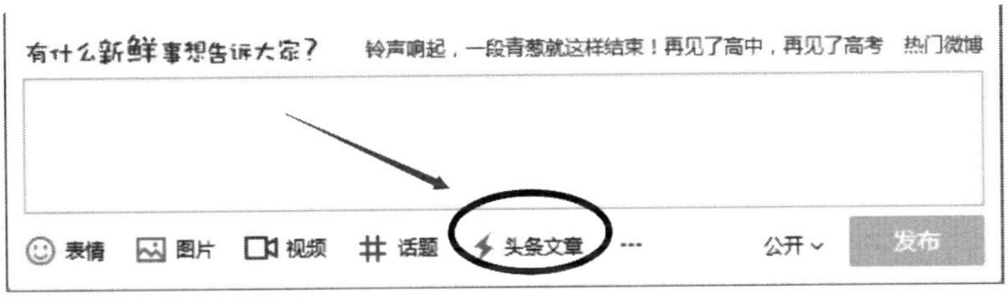

图 8-5　微博“头条文章”功能

而“头条文章”区别于“文章”的关键，就在于“打赏”功能。在“头条文章”的编辑页面下方，勾选“本文允许打赏”，你的文章发布之后，用户如果觉得你的文章价值较高，则可以选择“打赏”，给予你不错的现金收益。“头条文章”的打赏功能如图 8-6 所示。

8.2.3　长微博内容

事实上，长微博与传统的博客并没有太大区别。只是在微博盛行的当下，当用户都聚集于微博平台时，传统的博客已经很难吸引流量。然而，对于内容发布方而言，无论是新闻、教程，还是段子、评论，或是营销，140 字都是极大的限制——你很难用“140 字 +9 张图”充分表达。

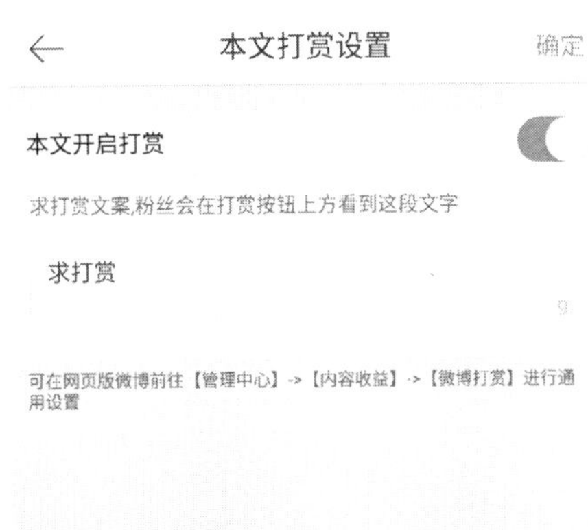

图 8-6　“头条文章”的打赏功能

基于这种情况，长微博的诞生也成为必然，用“长图”或“文章”的形式，能够让你有更加宽广的创作空间。

因此，虽然你身处微博平台，却不能一味地追求“见微知著”，一定要学会利用长微博辅助微博营销。那么，长微博营销如何做呢？

当你明白了长微博的制作方法之后，关键就在于内容的制作。

第一，标题诱人。如今的用户都已经习惯“碎片化阅读”，如果没有一个诱人的标题，你很难克服用户的惰性，让他们点开长图或链接，去看长长的内容。

第二，结构合理。虽然你用标题成功诱导用户前来阅读，但如果你忽视排版，给用户大段大段的文字，用户看到就会关闭退出。尽量精练语言，并适当配图，让你的结构看起来更具可读性。

第三，悬念设置。在长微博中，你要设置各种悬念，比如“凶手到底是谁”“原因究竟在哪”等，让用户有动力阅读完全文，从而接触到你的营销信息。

第四，特色风格。基于你的微博定位，你的长微博也要符合你的风格特色。切忌为了长微博营销的效果，而制作完全不符合定位的内容。切记，迎合用户口味的前提，是符合自身的品牌定位。

2005 年成功出道的歌手薛之谦，还未走红就迅速“销声匿迹”，但在 2015 年，薛之谦却成功以“段子手”的身份重返娱乐圈，成为炙手可热的“综艺咖”。而薛之谦成功的关键就在于长微博，放眼薛之谦微博，其热门微博几乎都是长微博，每一篇都能实现转发过万、评论破十万、点赞数十万的成绩。

8.3 微群营销

随着微博的日趋火热，当微博的内涵只剩下新浪一家时，为了更好地增强用户社交体验，微博也推出了微群功能。

所谓微群，就是微博群的简称。微博群能够将所有与之相关的话题都聚拢起来，从而将具有相同爱好或标签的微博用户聚合到一起，这些用户就可以通过微博，相互交流和沟通，发布各种与主题相关的微博。

作为微博的兴趣社交社区，基于微博的庞大用户基数，微群营销的重要性也逐渐显现。

8.3.1 微群选择标准

想要做好微群营销，首先要选择好合适的微群。一般而言，在选择微群时，你可以参照以下几个标准，如图 8-7 所示。

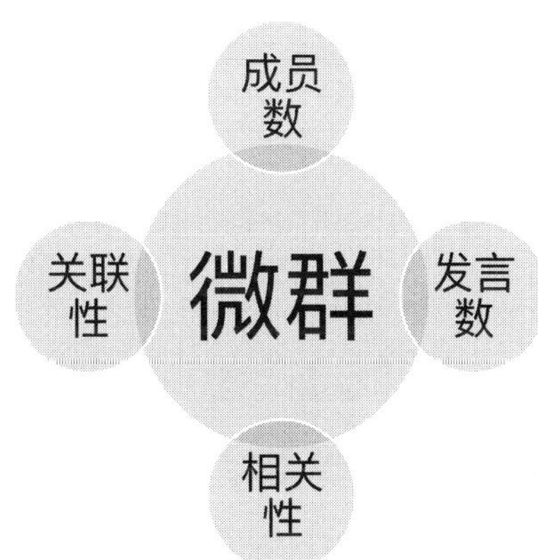

图 8-7 选择微群的标准

首先，成员数。为了增强微群营销效果，你选择的微群当然是成员数越多越好，一般而言，成员数需要在一万人以上，才有营销价值。

其次，发言数。这里的发言数并非指微群内的总发言数，而是指该微群的用户活跃度，只有更多的活跃用户，才能让你的营销信息更受关注。如果仅有几个用户不断发微博刷屏，你还是不要在此浪费精力。

再次，相关性。微群的话题相关性一定要强，如果微群主题与你的营销目的没有丝毫相关性，那么，即使成员数再多、活跃度再高，也不适合你参与其中。强行进入营销，反而会引起群内用户的反感。

最后，关联性。除了与微群主题直接相关之外，你也可以进入关联的主题微群。找到你的目标用户，找到他们的兴趣点，你就可以依靠这种关联性，满足自身的营销需求。

8.3.2 微群运营方式

作为微博大平台中的小圈子，想要利用微群营销，你就要不断增强微群用户的体验。

1. 微群设置

如果你是微群主，你就要尽量提升该微群的“颜值”。

首先，你的微博头像就是你的微群头像，你的微博昵称就是你的微群昵称。因此，根据你的营销目的和用户偏好，尽量选择一些合适的头像和昵称，如图8-8所示。另外可用“卖萌”提升亲切感，用专业塑造权威性。

其次，微群群公告位于微群的顶部位置，具有相对优势的展示功能，在群公告中发布的信息，通常更容易得到关注和点击。

最后，首页置顶。在管理微群时，你可以挖掘一些相对热门、经典、优质的微博，并将之置顶，从而提升微群的内容质量。当然，你也可以将你的营销微博置顶，这虽然能够提高曝光度，但却可能影响群友的使用体验。

2. 微群营销

基于微群特有的集中性和群聊功能，在你使用微群营销时，切忌延续微博营销的思维，相反的，你可以尝试融入 QQ 群营销、论坛营销的方法，以更强的互动，增强群内的活跃度，并提升你的营销效果。

图 8-8　微群营销的昵称确定

在微群营销中，你可以遵守一个基本要点——徐徐图之。微博营销不是一朝一夕就能完成的，尤其是在注重内容质量的微群中，你更不能操之过急。你最好先凭借优质内容与群友接触，获得群内知名度之后，再发布广告，以免直接被剔除出群，或是让自己的微群成为“一个人的舞台”。

3. 微群运营

微群营销的成功，需要一个持续的运营。在微群中，话题更为集中，互动也更为频繁，因此，你需要在运营上付出更多的精力。你的主要运营内容包括：频繁与群内用户互动；实时维护群内公告；主动邀请优质用户加入。

你一个人的精力是有限的，为了实现高效的微群运营，你最好组建一个专门的运营团队，充分发挥微群的快速互动性，将目标用户快速转化为消费者。

8.4 微博话题营销

2013年6月，微博推出微博话题功能，该功能也将微博营销价值推上新的高度。在微博“发现”界面，热门话题也获得了置顶展示的位置。因此，如果你能借助热门话题的热度，甚至是成为热门话题的主导者，你自然能够快速获取大量关注。

发布微博话题的方式十分简单，只需在微博内容中加入“# 话题词 #”，你就生成了一条该“话题词”的微博。而关键就在于，如何让该话题成为热门。

8.4.1 “蹭”热门话题

并不是每个人都能成为热门话题的主导者，但每个人都可以“蹭”热门话题。如何“蹭”呢?

很简单，打开热门话题榜单，找到可以借势营销的话题之后，创作相关内容，并加入“# 话题标题 #”，即可让你的微博显示在该话题下方。此时，借助热门话题的关注度，用户在点击进入该话题界面、浏览相关微博时，就会看到你的微博内容。

凭借优质的关联内容，你就能够借势获得大量的关注度。

需要注意的是，除非你的内容足够优质，并邀请“水军”对该内容评论并点赞，否则，想要依靠自然流量成为热门话题下的热门微博，无疑具有极大的难度。

那么，你如何选择“蹭”的热门话题呢？

第一，关联性高。最适合“蹭”的热门话题，无疑是关联性更高的话题。即使只有一点联系，你也可以尝试与之链接，如图 8–9 所示。

第二，关注度高。最值得“蹭”的热门话题，则是关注度更高的话题。当大量的流量流入该话题时，你的微博自然更容易“吸睛”。

图 8–9 借势热门话题

8.4.2 话题主持人

无论是“蹭”热门话题，还是通过造势，创建热门话题，都不如成为“话题主持人”来得方便。每个微博话题，都有一个唯一的话题主持人，如图 8–10 所示。

图 8-10　成为“微博话题营销”话题主持人

那么，这样的唯一性，能够为话题主持人带来怎样的特权呢？

第一，每个话题页的右侧，都有话题主持人模块，专门展示话题主持人的微博。

第二，任何用户进入微博话题页，并发布话题相关微博时，将会自动关注话题主持人。

第三，话题页右侧还有主持人排行榜，该排行榜会根据主持人管理的所有话题前一日的参与量之和，按照全部、达人、互粉好友三个类别，对主持人进行排行。

第四，如果话题主持人管理的话题，讨论量大、点击率高，他还会获得“优秀主持人”标识。

第五，话题主持人还可以申请主持人勋章作为主持人的勋章展示。

在这五大特权中，仅看第二点“自动关注话题主持人”，就能够引起所有移动营销人士的疯狂。因为这意味着，一旦你成为热门话题的主持人，那么，亿万的参与量，就等于亿万的粉丝。

你如何获得如此特权呢?

1. 申请主持人

在每个话题页的右侧，都有一个“申请主持人”的按钮，只需点击该链接，并通过审核即可成为话题主持人。但其中有一个前提就是，只有微博达人、认证用户才有资格申请成为话题主持人。另外，每个用户最多只能成为五个话题的主持人。

除了申请成为已有话题的主持人之外，你也可以在话题右侧“抢当主持人”中，输入你想申请的话题词，就能点击“申请主持人”，成为该新生话题的主持人。

2. 挑选话题词

想要利用微博话题营销，就一定不能陷入被动。你可以实时查看百度热词，这些都是百度上热搜的关键词。根据这些关键词，你可以在微博话题中搜索，查看是否已经存在相关话题。如果没有，你自然可以使用“抢当主持人”，率先获得话题主持人权限；如果已经存在，那么，只要及时发现，你也可能成为第一个符合资质要求的主持人。

3. 切忌太过分

微博话题是微博营销的重要工具，这是营销界的共识。但为了提高用户的使用体验，微博会对每个话题进行审核，尤其是话题主持人。如果你费尽心思成为了话题主持人，却因为恶意营销而被收回特权，甚至是封号，那无疑是得不偿失。

事实上，当成为微博话题主持人时，只要精心打造话题内容，你就能够凭借热门话题获取极大的关注度和粉丝量，此后，再对其进行营销也为时不晚。

因此，在微博话题营销中，切忌过分营销。

4. 推送上热门

既然成为了话题主持人，你就要挖掘出该话题的最大价值。为此，要想尽办法将该话题推送上热门话题。一般而言，“大 V”“网红”的参与能够为你带来极高的传播度，另外，话题抽奖等活动，也是必不可少的手段。

8.5 微博互动推广技巧

微博营销“不是一个人的战斗”，在微博营销中，互动是快速推广的关键。而在互动中，你不仅要与粉丝不断互动，同样要与其他微博“大号”互动。

8.5.1 互动

微博营销的关键，除了持续的内容发布之外，还需要不断与粉丝进行互动。微博粉丝互动的方法有很多，通常分为如下几个类型：解释和说明；提问和回答；意见征集；发起讨论和投票；展开辩论；有奖竞答、竞猜、转发、评论等。

与微博粉丝的互动并不困难，但是需要注意几个细节。

首先，适当留白。在创作原创内容时，你需要适当留出可供拓展和发挥的余地，微博上的每个用户都有成为“段子手”的潜质，给予粉丝续写的空间，能够刺激他们再创作的欲望，从而借助粉丝的力量，增加内容的质量。

其次，提出疑问。当你的活跃粉丝较多时，你可以直接用一句话提出一个疑问，引起粉丝讨论的兴趣，在这种“头脑风暴”中，新的内容会不断出现。其中的关键在于，对于粉丝有价值的回复和评论，你可以进行转发并评论，以此保证该话题的生命力。

最后，注意风度。虽然你也是一个“感性动物”，但在与粉丝的互动中，切忌发怒，或发表情绪性的微博，除非你情绪化的对象确实能够引起粉丝的共鸣。另外，除非是恶意广告或态度恶劣的评论，否则，尽量不要删除粉丝评论，即使是负面评论。

8.5.2 互推

互推是微博营销的一种常用方式。所谓互推就是相互推广，是一种互换粉丝的过程，如图 8-11 所示。比如你有一万个粉丝，他有一万个粉丝，那么在你们互推的过程中，就能获得多达两万的曝光度。此时，参与互推的同等级账号越多，交换得来的粉丝也就越多。

组织的力量是无穷大的，而且内容的互推，也能够提高内容的阅读量，借此也能够有效冲击热门话题榜。

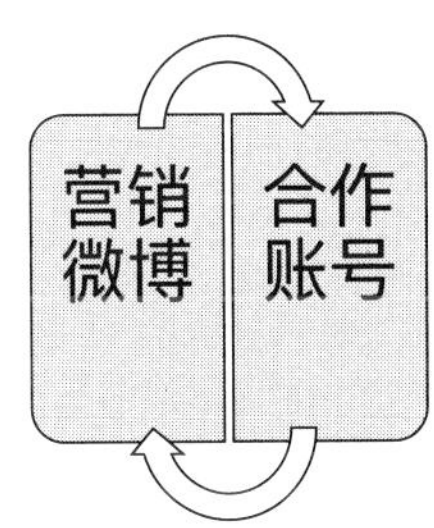

图 8-11 微博营销要善于互推

互推的关键是“同等级”间的合作，你寻找的合作伙伴，最好与你的粉丝量级相互等同。如此才能发挥互推的效力，而无需支付多余的费用。如果你的粉丝量是五千，别人的粉丝量是五万，那么他们当然不愿意与你互推，因为双方的收益不对等。

在互推中，你无需拘泥于某一个主题，只要不是完全相悖的主题账号，都可以进行互推合作。科技类账号推送美食类账号的内容，新闻类账号推送影视类账号的内容，并没有“违和感”。在自媒体的时代，虽然自媒体账号有一定的主题定位，但却不用受限于该定位。

为了更好地实现互推，你可以加入此类 QQ 群，在与大家交流微博营销技巧的同时，也可以在群内挖掘互推好友。另外，你也可以直接在微博中寻找同等级的账号，通过“私信”洽谈合作。

8.5.3 带号

在大多数网络游戏中，都存在“带号”的现象。所谓“带号”，就是等级较高的玩家，带着等级较低的玩家一起游戏，这样低等级玩家就可以借助高等级玩家的资源，快速成长。

想要让自己的微博营销账号快速实现推广，“大号带小号”是最有效的方法。如果没有“大号”的转发，想要依靠自己的力量实现推广，无疑需要相当漫长的时间，即使你的内容十分精致，也是如此，如图 8-12 所示。

因此，在微博营销中，当你设计出某条质量优异的内容时，你就要找到同主题的“大号”，与其洽谈合作，让他们帮你转发。由于你无法为其带来互推的收益，因此这样的带号需要投入一定的成本，但其产出却十分惊人。

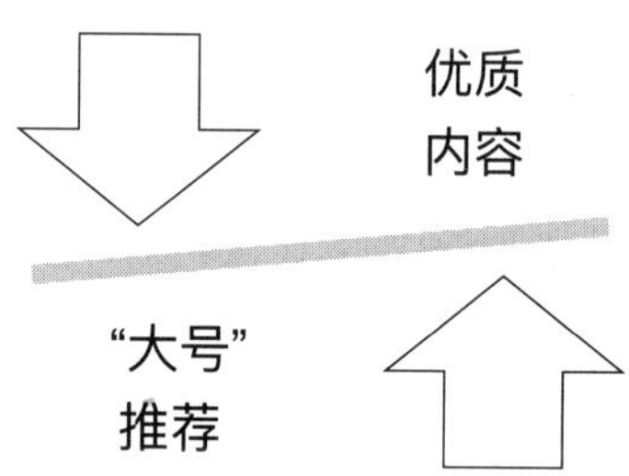

图 8-12 善于借势大号

尤其是当你的内容确实优质时，只需三四个“大号”的转发，其他“大号”就会跟风转发。因为你的内容能够帮助他们提高微博质量。

“带号”推广的营销，关键就在于内容的设计和“大号”的选择，只要的内容足够优质、“大号”的选择足够精准，你就能够实现快速崛起。

8.6 微博搜索营销技巧

精准引流的方法多种多样，但很多人比较重视微信互动和吸粉，却往往忽视了微博这一重要渠道。下面来看看微博如果通过搜索实现营销。

1. 微博高级搜索

微博高级搜索可以精确关键词、时间、地区等条件搜索精准目标用户，这种方式主要是通过与目标用户或产品高度相关的关键词获得用户。

（1）微博关键词

在微博内搜索目标客户时，搜索框输入的关键词必须是目标客户的核心关键词。

（2）昵称关键词

很多人喜欢以宝宝的名字丌头命名。

（3）年龄 / 性别

25 ~ 35 岁成年女性大多初为人母，也是目标客户的一部分，可以在微博搜索框内按照年龄、性别搜索。不同的产品需求的年龄不同，可以按照实际情况具体选择。

（4）地区

有明显地域性的产品，可以通过所在地，搜索目标用户。

2. 竞争对手微博

必须一直关注自己的竞争对手，搜集竞争对手的客户，从自己品牌竞争对手的粉丝中获得精准客户是一个不错的选择！

3. 热门话题

可以找自己与产品对应的目标客户群体关注的热门话题，从中找到参与者，这些也是潜在客户。

4. 互动方式

互动的方式有三种：

（1）关注对方

一般来说，在微博上关注对方只要不是垃圾粉丝，大家都会礼尚往来回复你。

（2）有帮助性的讨论

很多微商朋友在别人的讨论下直接发产品信息，这种硬广一开始就会让人比较反感,很难产生信任。所以在一开始的互动中尽量开展帮助和建议性的讨论。

（3）@ 提醒

对于已经建立了一定关系的用户可以在发布新品时用 @ 功能提醒他们。

相比微信平台，微博平台的特点就是更开放，正是这种开放性可以让你通过搜索等方式与任何人建立起互动。我们可以通过微博精准定位粉丝，进行精准营销。

第 9 章

移动营销之论坛营销

9.1 论坛营销的价值

9.1.1 移动论坛流量巨大

早在 2000 年左右，大量 BBS 论坛就出现在互联网中。随着计算机和互联网的普及，论坛也成为网民交流的重要平台，天涯、猫扑等论坛，将兴趣相投的人们聚集在一起。

相比于 QQ 等即时通讯工具，论坛的交互性极强，内容丰富而即时，在用户的讨论和分享中，论坛成为 PC 互联网中最重要的流量入口之一。

到了移动互联网时代，由于联网工具的不同，移动论坛的使用体验也发生巨大变化，对于传统论坛用户而言，这种变化自然有好有坏。但不可否认的是，在移动互联网时代，由于微博、微信等社交平台的分流，移动论坛的用户确实出现大幅下滑。

然而，就用户价值而言，当 PC 论坛进入移动端，其用户价值并未因为用户的流失，而受到太大的损失。事实上，即使是在 PC 端论坛中，用户的发帖率也不会超过 20%，而在庞大的"围观党"中，真正回帖的用户也不超过 50%。

当这些忠实用户转移到移动端，频繁地打开和零碎地互动，使得移动论坛在移动互联网时代，仍然可以成为一个巨大的流量入口，PC 论坛和移动论坛的对比如图 9-1 所示。

1. 互动方式剧变

在 PC 论坛中，用户的互动行为可以总结为“看帖”“发帖”“回帖”；而在移动端，互动的方式则发生剧变。用户不可能在手机上大篇幅地打字，所以图片、音频、视频等多种交互载体同时呈现在手机中。

图 9-1 PC 论坛和移动论坛的对比

2. 内容生产多样

移动论坛的内容交互变得零碎，但其交互价值并未丧失。更为频繁地发帖、回复，让移动论坛的信息交互更为快速，论坛的活力也得到提升。

3. 兴趣爱好聚合

在移动论坛中，将实现真正的因兴趣爱好而聚合。平台型论坛将失去价值，但垂直类论坛却会焕发新生。在每个垂直分类中，你都可以找到专属的移动论坛，而其中聚合的也都是真正具有兴趣爱好的用户。

9.1.2 移动论坛营销的特点

基于移动论坛区别于 PC 论坛的新特征，在移动论坛中的营销，也呈现出新的特点。

1. 有效地区隔过滤

营销的关键就在于定位目标用户，而愈趋垂直化的移动论坛，则成为分类用户的聚集地。根据自身的行业属性，无论是手机、相机，还是化妆、服饰，或是旅游，都有属于自己的主题移动论坛，而这些论坛中聚集的用户，很大程度上就是你的目标用户。

除了兴趣爱好的区隔过滤之外，当论坛进入移动端，就又具备了LBS的属性。如果你尚未展开电商业务，专注于线下销售，你的目标用户自然也应该是同城用户。而在移动论坛中，为了实现线上线下的互动，“同城”同样也得到极大关注。

因此，同城兴趣论坛的产生，能够有效为你区隔过滤人群，让你快速发现最精准的目标用户聚集地。

2. 使用场景丰富

移动智能终端的最大特性就在于其便携性，而基于这种特性，移动互联网产品也得以随着用户一起，进入更加丰富的场景。移动论坛也同样如此，PC论坛的营销必须抓住用户使用电脑的时间，但移动论坛的营销，只需要抓住用户空闲的时间即可。

由于使用场景的极大丰富，移动论坛的垂直化也拥有了更多的方向，除了根据兴趣主题进行分类之外，同样可以根据使用场景进行分类，针对家庭、职场、地域等场景，采取更具针对性的营销策略。

9.2 论坛营销的六个技巧

9.2.1 寻找高人气论坛

虽然移动论坛的流量仍然巨大，但再想要自己创建一个高人气论坛，其中耗费的精力与最终的产出相比，无疑是一个“亏本的买卖”。因此，论坛营销的第一步，就是寻找高人气论坛。如何寻找高人气论坛呢？

1. 明确寻找方向

在寻找高人气论坛之前，你首先要明确自身的营销需求。如今的论坛大体可以分为三种：综合类论坛、兴趣类论坛、地域类论坛。你需要根据相关性的强弱，明确论坛的寻找方向。

2. 人气判别方法

如何判断一个论坛是否高人气呢？首先，看百度相关关键词搜索的排名；其次，查看论坛类的活跃度，如帖子更新速度、数量，以及在线人数、回复数量等；之后，看友情链接的多少；最后，根据营销需求，查看论坛的专业度或资源数量等要素，如图 9-2 所示。

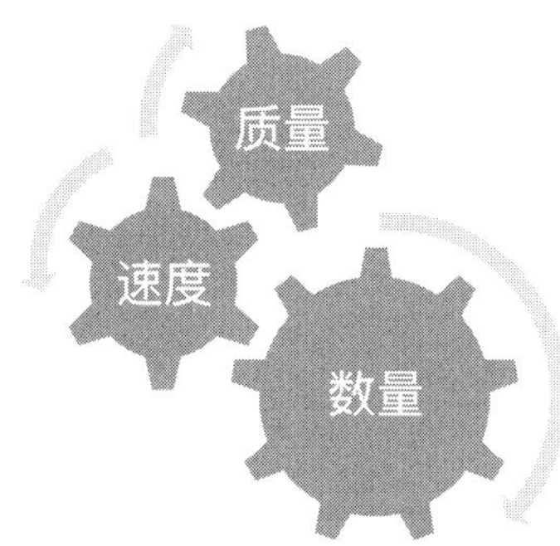

图 9-2　人气论坛的判别

在大多数论坛，你都可以直接获取以上数据。需要注意的是，你要做的不仅是寻找高人气论坛，关键在于，在高人气论坛与高人气板块中，找到平衡点。

9.2.2 论坛账号注册技巧

大多数论坛都可以免费注册，在注册过程中，你需要根据目标用户的定位，设置自己的个人信息，让你更加贴近目标用户。另外，对于昵称的选择，要在贴近目标用户的同时，尽量向营销目的靠拢，当然，明显的营销账号千万不要注册，以免直接被禁。

某些论坛的注册，可能会需要邀请码。此时，如果该论坛的营销价值确实高，你则只能采取购买账号或邀请码的办法。

9.2.3 论坛个人图文签名策略

如今，大部分论坛都赋予用户设置个性签名的权限。对于你来说，这无疑是个重要的展示窗口，随着你的每次发帖和回帖，该签名都会得到展示。如何用它强化你的图文签名营销呢?

首先，你可以用专业性或诱惑性的图文签名，或者只是贴上自己的 Logo，以巩固自身的专业形象，吸引用户的关注，并推广品牌。

其次，你可以放入二维码图片，以发帖或回帖内容吸引用户扫码关注。

最后，你可以为图文插入超链接，让用户点击之后，跳转至你的营销页面。

如搞笑网站“神吐槽”，在各大论坛与“坛友”互动时，都会将自己的 Logo 作为签名档，在以内容吸引用户的同时，推广网站品牌，如图 9-3 所示。

9.2.4 论坛发帖与回帖

论坛的主要互动方式就是发帖和回帖。发帖与回帖的成功，关键在于内容。而除了内容之外，在论坛的发帖与回帖也需要遵守“潜规则”。

图 9-3 神吐槽以 Logo 作为签名档

1. 做好争论准备

在发帖之后，你也要做好出现争论的准备，并想好引导争论的策略。论坛营销不怕争论，越激烈的争论反而可以为你带来更高的曝光度；怕的只是争论走向失控，如果不能正确引导争论，可能曝光度越高，对你造成的负面影响越大。

2. 积极礼貌回帖

想要在论坛中建立影响力，单纯的发帖作用有限，你还需要积极地回帖，参与到论坛的运作中，让论坛用户对你产生好感。因此，在回帖时，一定要注意礼貌回帖，你可以适当调侃，但切忌嘲讽，甚至是辱骂。

9.2.5 论坛软文写作

论坛营销的最主要方式就是软文写作，用更“软”的内容，实现营销的“硬”效果。软文写作是移动营销的必备技能，而在移动论坛营销中，你还需要做到一点——“入乡随俗”。

移动论坛的垂直化发展，意味着每个论坛都会呈现出极为明显的风格特征，而不像微博或微信那样“海纳百川”。在论坛中，不仅论坛有多个管理员，每个版块都有版主和管理员，在他们的管理下，你必须赢得他们的认可，才能避免你的营销软文遭到删除，甚至连累你的论坛账号。

虽然大多数论坛都会制定所谓的“版规”，但这仍然不能弱化论坛的“人治”色彩。因此，在论坛软文写作中，除了一般软文营销的技巧之外，你还需要迎合管理员的喜好，如图 9-4 所示。为此，你可以查阅管理员的发帖内容，对管理员有更深的了解。

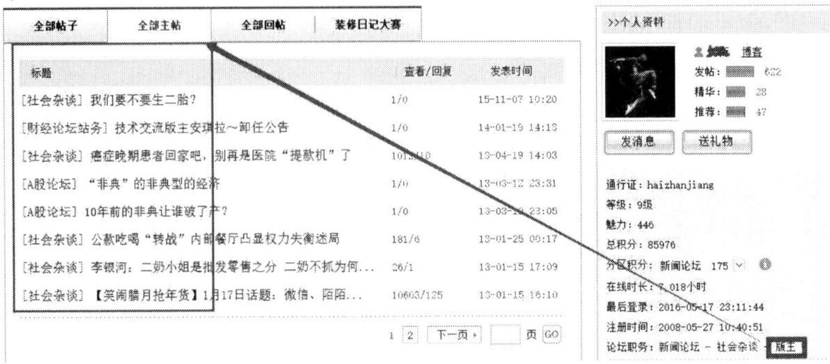

图 9-4 软文要适当迎合管理员喜好

9.2.6 论坛发帖时间选择

论坛营销并非“一锤子买卖”，在持续的互动和酝酿中，一个帖子，或者是一篇软文的营销价值，才能发挥到最大。因此，对于发帖时间你要做好选择。

通过对论坛的数据调研，你就可以发现该论坛用户的活跃时间，在发帖时间上，尽量选择这些时间段。

另外，周末或节假日无疑是最普遍的活跃时间，如果不是时效性较强的帖子，你可以尽量靠近这些日子，为帖子热度的持续酝酿，留下足够的时间。

9.3 论坛资源分享营销

论坛不仅是内容交互的平台，也是资源分享的平台。在论坛中，你可以分享各种资源，供其他用户下载使用，这也是论坛营销的重要方法。如果你想要将资源分享营销，作为你的主要论坛营销手段，你则需要在初期就寻找高人气的资源分享论坛。

9.3.1 获得积分权限

几乎所有论坛都有积分系统，用户的发帖、回帖都可以获得一定的积分，分享资源则是获取积分最快捷的方法。你的资源每次被下载时，你都可以获得一定的积分奖励；如果你的资源是“收费下载”，你能够获得的积分也更多。

为什么要获得积分呢?

因为在论坛中，每个用户的权限都有所区别，甚至一个论坛中的某些板块也需要权限才能进入，有时候即使拥有进入该板块的权限，如果你想要在其中发帖、回帖还需要更高一级的权限，如图 9-5 所示。而权限的升级，就在于积分地获取。

	我的主用户组 - 幼儿园
	积分: 12
用户级别	☆
访问论坛	✔
阅读权限	10
隐身	✖
使用搜索	允许搜索帖子内容
自定义头衔	✔
发帖不受限制	✖
允许发短消息	✔
允许加好友	✖
查看统计数据报表	✖
允许使用应用	✖
帖子相关	幼儿园
发新话题	✔
发表回复	✔
发起投票	✖
参与投票	✔
发表悬赏	✖
发表活动	✖
发表辩论	✖
发表交易	✔
允许 @ 的人数	0

图 9-5　论坛中的不同用户权限

这些设置权限的功能，对于营销人士而言，就如其他平台的企业增值服务一样，能够为你带来更加明显的营销效果。在某些论坛中，如果不能积累到一定的积分，你的论坛营销策略甚至没有实行的可能。

9.3.2 资源分享策略

1. 分享优质资源

想要依靠分享资源获取大量的积分，首先要保证你的资源足够优质，对用户具有足够的诱惑力。此时，你的资源分享无需局限于你的营销目的，而要结合论坛主题，发布论坛用户可能感兴趣的资源。

在分享资源时，如图片、文档、APP 等资源，你可以直接上传到论坛中，但如果是音频、视频或较大的图片，你则需要上传至网盘中，让用户到网盘中下载。一方面，在论坛上传大文件较为麻烦；另一方面，在移动端，用户也可能无法随时随地下载大文件。

2. 设置回复可见

优质的资源能够吸引更多的用户，但如果用户只下载，不互动，你的帖子也可能迅速下沉。因此，为了保证资源分享的持续效果，你需要借助论坛的“回复可见”功能，让用户在回复之后，才能看到资源的下载链接，如图 9-6 所示。

图 9-6　论坛设置回复可见功能

3. “收费”资源分享

如果分享的资源价值较高，你则需要设置一定的“价格”，提供“收费下载”服务。这里的“收费”，当然不是收取现金，而是收取论坛积分。如此一来，你也能更快地获取更多的积分。当然，只有当你的资源有较高的价值时，你才能考虑“收费”，否则，可能引起负面效果。

9.3.3 资源分享营销

在积攒积分以获取“增值服务”的同时，分享资源本身同样是一种有效的营销手段。

1. 分享自有 APP

你可以直接以第三方的角色，发布关于你的 APP 的介绍帖，将你的 APP 介绍给论坛用户，并将之分享出去。

2. 融入营销信息

云盘是论坛资源分享的重要工具，而在使用云盘分享资源的同时，你也可以使用到云盘营销的相关策略。正如前文提到的百度云盘营销一样，在论坛营销中，你不一定必须使用百度云盘，但却可以借鉴其营销策略，借机推广自身的营销信息。

第 10 章

移动营销之 APP 营销

10.1 APP 营销为什么火爆

移动互联网时代到来的一大重要标志就是 APP 的火爆，智能手机与 4G、WiFi 网络的普及，让用户可以通过手机 APP 满足各类使用需求，APP 营销也火爆全球。APP 营销火爆背后的动因究竟为何呢？

10.1.1 日趋完善的 APP 生态

APP 是英文 Application 的简称，就是指智能手机的第三方应用程序，也被称为“移动应用”或“手机客户端”。APP 营销火爆的第一原因在于 APP 的巨大数量，层出不穷的 APP，满足了用户的各类使用需求，而在不断的淘汰当中，APP 的使用体验也逐渐上升。

在传统的 JAVA、Symbian（塞班）系统中，用户同样可以使用 QQ、UC 等应用。尤其是诺基亚成为手机霸主的凭仗——Symbian 系统，在很大程度上满足了用户的移动生活需求。然而，即使在 Symbian 最为火爆的 2012 年，其应用数量也不过 13 万。

反观智能手机的 APP 数量呢？

同样在 2012 年，Android 系统的应用数量就超过 40 万，iOS 系统的应用数量则逼近 60 万。在短短的三年间，Google Play 中的应用数量就完成了逆袭，以 143 万款应用超越了 iOS App Store 的 121 万款应用。需要注意的是，由于中国大陆市场无法使用 Google Play，因此，该数据尚未计入国内的 Android 应用，数据显示，我国主要应用商店的应用规模累计已经超过 400 万。

如此惊人的指数级增长速度，让智能手机中的 APP 生态越发完善。新闻资讯类、影音类、阅读类、社交类、地图类、电商类、生活服务类……各种各样的分类 APP，亿级不同分类 APP 的平台嫁接，让用户的移动生活需求得到极大的满足。

在这样完善的 APP 生态下，如今，中国的移动互联网市场规模已经突破 2.3 万亿元，用户规模达到 7.9 亿。据预计，在 2016 年，这两个数字将分别增长至 3.5 万亿元和 8.3 亿。

10.1.2 日趋全面的 APP 功能

当用户投身移动智能市场，甚至连老年用户都不例外时，APP 营销自然也有了市场基础。与此同时，日趋完善的 APP 生态，让用户能够尽情享受移动生活；而日趋全面的 APP 功能，则让你我都能尽情投身 APP 营销。

APP 究竟能够为你带来哪些营销价值呢？如图 10-1 所示。

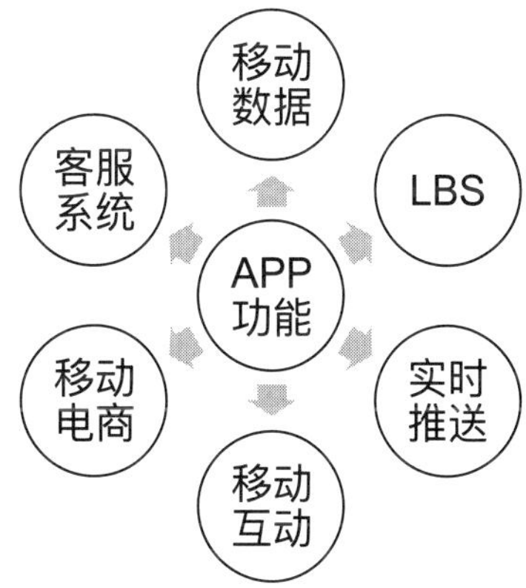

图 10-1 APP 能带来诸多营销价值

第一，移动数据。作为绝大多数人日

常生活必不可少的工具，智能手机在成为人们的“生活伴侣”时，也能够收集惊人的移动数据。而在大数据时代，这些数据就是最重要的营销资产。无论是手机品牌数据、APP 安装数据还是 APP 使用数据，都能够让你更为精准地定位到你的目标用户，并进一步了解他们的喜好和需求。

第二，LBS。LBS 是移动营销最关键的功能，借助 APP，你就能够获取用户的位置数据，并基于该数据，向用户推送更具针对性的营销信息。

第三，实时推送。当用户安装了你的 APP，就意味着你可以通过 APP 实时推送各种信息，如服务信息、营销信息等。当然，频繁的信息推送会让用户关闭你的 APP 的推送功能，但适时的实时推送，则能够及时将你的营销信息，推送到有需求的用户眼前。

第四，移动互动。智能移动终端的便携性，就意味着它存在无限的互动可能。你不仅可以与用户在线上互动，包括基于移动社交平台的互动，也可以让用户带着手机，在线下与你面对面地互动。

第五，移动电商。移动电商、移动支付 APP 的不断普及和完善，让用户可以随时随地购物。无论是进驻电商平台、支付平台，还是开发自己的移动电商功能，都能够抓住用户产生需求的第一时间，让他们快速完成购买流程。

第六，客服系统。利用移动 APP，你完全可以将你的一切客服系统移动化。将会员卡、代金券、折扣券等电子化，推到移动客服平台，这样不仅能够简化客服流程，还能及时与客户交流，获取用户的反馈。

10.2 APP 营销的八大特点

10.2.1 信息全面

基于自有的 APP，你几乎可以将一切营销所需的功能融入其中，如期刊、论坛、影像等，借助这些功能，你就能够全面地展示你的营销信息。你一定要明白，一旦用户安装了你的 APP，他就已经成为你的一个潜在用户，此时，切忌频繁使用推送消息“扰民”。

利用期刊为用户推送优质内容，并潜移默化地培育用户；利用论坛让用户尽情交流，并以此黏住用户；利用影像充分调动用户的消费欲望，最终通过引导，让用户在手机中完成下单。APP 营销的全面信息展示，让你能够全方位地包围用户。

10.2.2 易于品牌形成

优质的内容和互动，能够很好地吸引并留住用户，这也是品牌形成的重要方式。通过全面展示优质信息，你可以逐步给用户植入某种观念或想法。此时，不要拘泥于某个产品或服务的推广，而要将目标提升到品牌层面，让用户产生“某某出品，必属精品”的想法。

苹果依靠iOS的封闭性，为用户提供苹果专属的APP生态服务，依靠Siri、APP Store不断给予用户更为优质的内容和体验。在潜移默化中，苹果也成为“精品”的标志，各种配件也因此能够实现较高的利润率。

10.2.3　精准

大数据时代的营销，都离不开精准二字。无论你采取何种营销方法，第一步都是定位你的目标用户。然而，你的目标用户究竟具有怎样的特征？你的产品或服务究竟符合怎样的用户的需求？这些用户又在哪里？

这些问题的答案都可以在你的APP营销中找到。当用户安装了你的APP，就等于赋予你一定的数据收集机会。需要注意的是，你在收集数据之前，必须获得用户的许可，窃取用户数据的行为一旦被发现，会对你的品牌形象造成毁灭性的打击。

10.2.4　互动性强

基于移动智能终端的便携性，以及移动社交APP的完善，APP营销能够实现更强的互动，如图10-2所示。

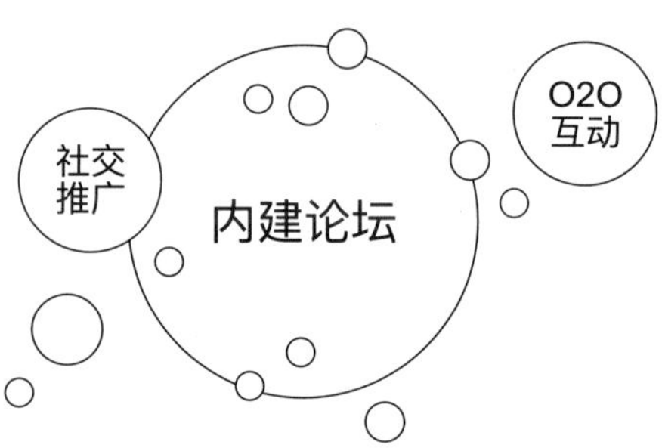

图10-2　APP中互动性强

首先，你可以在APP中创建品牌主题论坛，供用户在此交流、讨论，并收集用户的意见和需求。

其次，你可以与微信、微博等移动社交 APP 对接，让用户将你的信息分享到这些平台之中，实现基于用户朋友圈的辐射传播。

最后，你可以实现“O2O 互动”，基于用户的位置信息，与用户在线上参与、在线下完成互动。

另外，根据统计，在非睡眠时间内，人们平均每 4 分钟就会查看一次手机。这就意味着，凭借手机 APP，你可以实时与用户实现互动。

10.2.5 用户黏性强

在这个遍地都是“低头族”的年代，想要黏住用户的最佳方法，早已不再是电视广告，或是 PC 广告，想要将用户拉上自己的“战船”，就必须抢占移动智能终端这个“售票处”，并将你的 APP 兜售给用户。

当用户总是情不自禁地查看手机时，有时会陷入尴尬：没有信息可看、没有微信可聊、没有微博可刷……此时，他们会感到烦躁，会渴望一款 APP 可以持续不断地给予他们需要的内容。如果你能做到这一点，你的 APP 也将被列入用户的“必刷名单”。

10.2.6 灵活多样

一款 APP，可以在你的手里“玩出花来”。社交、推广、销售、客服……移动营销时代的一切需求，都可以融合在一个手机 APP 中。当智能手机成为真正的“掌上电脑”，你的互联网营销都可以凭借 APP 转移到移动端，而智能手机的便携和高频，也让你的移动营销变得更加灵活。

且不谈 APP 营销本身的丰富内容，即使是在 APP 的推广中，你可以采用的方法也极为多样，如商店排名、社交推广、ROM 预装、线下推广等。

在移动互联网中，当你开始着手开发你的 APP 营销系统时，你就会真正体会到“没有做不到，只有想不到”。

10.2.7　转化率高

相比于其他营销方式，APP 无疑能够为你带来最高的转化率。之所以如此，是因为你的 APP 使用者，大多是通过其他营销信息，对你的 APP、品牌或产品、服务有了一定的兴趣，因而，一旦你的 APP 正如他们所期待的那样，给予他们满足，他们自然更容易产生消费冲动。

而在这种冲动下，基于 APP 而实现的极短消费周期，也让用户可以快速被引导至购物平台，如 APP 内电商、第三方电商、线下平台等，并依靠移动支付迅速完成付款。

10.2.8　体验好

事实上，在 APP 营销中，APP 就是你最重要的产品。APP 营销的关键，并不在于借助 APP 推销出你的产品和服务，而是依靠极致的使用体验，推销出你的 APP。

依靠 APP，实现极致体验，也并非难事。有趣的活动、精准的推送、优质的内容，都能够让用户感到满足；与此同时，依靠 APP 收集到的庞大数据，则能够进一步让你了解目标用户，从而挖掘并满足他们更深层的需求。

10.3 APP 营销技巧

10.3.1 广告植入

APP 营销的关键在于推广你的 APP，而推广成功之后，你则需要学会植入广告。你要明白的是，用户下载安装 APP，是为了获取优质的内容，而非获得一本广告手册。因此，你要学会植入广告。

一般而言，结合你的品牌主题，你可以设计一款资讯类的 APP，不断为用户推送新鲜、优质的资讯内容，而在这些资讯内容中，你则可以“肆无忌惮”地将自家产品作为典型的正面案例。

IT 之家是国内顶尖的 IT 科技门户网站，其自身平台也拥有旗鱼浏览器、软媒魔方、软媒时间等多款产品。IT 之家 APP 一直坚持为用户推送 IT 类资讯和热点新闻，但细心查阅其内容就会发现，APP 内的 IT 资讯总是会将软媒魔方等产品作为资讯信息中的正面典型。

10.3.2 精准推送

消息推送是 APP 营销的重要手段，很多 APP 进入用户手机之后，却没有被打开过几次，直到用户清理手机内存时，才发现这款APP，并卸载。而消息推送则是“刷存在感”的有效方法。

然而，切忌盲目推送消息“强行刷存在感”，当用户每天看到你的大量推送，却没有一条是他感兴趣的，那么你的结局就只有两个——屏蔽与卸载。因此，推送消息一定要做到精准，根据每个用户的相关数据，分析用户的使用偏好和潜在需求，推送给他们真正想要的消息。

10.3.3 品牌活动

APP营销并非“一锤子买卖”，因此，当你费尽心思让用户安装你的APP之后，切忌将某款产品或某项服务作为营销主题，在APP营销中，你必须不断塑造你的品牌形象，让用户认可你的品牌价值。

因此，你需要举办各种与品牌主题相关的活动。活动的形式多种多样，关键在于融合两个要素：其一为社交化，让你的活动充满社交价值，给予用户社交分享的动力；其二为本地化，如果你的活动总是局限在虚拟世界，当然无法实现“落地”。

Nike为帮助用户实现锻炼计划，专门设计了一款名为NikeTrainingClub（Nike训练营）的APP。基于Nike多年的训练研究和专长集结，这款APP可以为用户提供个性化的健身体验服务，指导并督促用户坚持锻炼。用户在利用这款APP获取价值的同时，也愿意使用APP内的分享功能，向朋友圈炫耀自己的健身成果。Nike崇尚运动、健康、美好生活的品牌理念，也因此得到不断传递。

10.3.4 价值内容吸引流量

在移动营销时代，"流量已死"的言论甚嚣尘上。殊不知，在互联网的世界中，流量永远是成功的基石。最差的情况下，一款能够狂吸流量的 APP，也能够拉到大量的赞助和投资。事实上，也只有当你的 APP 能够吸引更多的流量时，才会有更多的"创作者"进驻你的平台，进一步提高 APP 的内容价值。

而 APP 营销想要吸引流量，也必须依靠价值内容。基于你的品牌主题和 APP 分类，你就找到了创造价值内容的方向：资讯类 APP 要不断发布新颖的资讯，功能类 APP 则将功能做到极致，地图类 APP 就安心完善地图内容……

10.3.5 视频营销

相比于文字和图片，视频无疑具有更佳的营销效果。而 4G 流量费用的下调和 WiFi 的普及，使视频不再成为让用户望而却步的"流量杀手"，尤其是小视频的流行，更是让视频营销成为主流。

视频营销说起来十分新奇，但做起来并不复杂。通常而言，视频营销可以采取以下两种方式。

1. 小视频。在最多 1 分钟的视频长度内，你可以选择对"段子"进行演绎，从而获得快速广泛的传播。

2. 期刊视频。你可以定期或不定期发布视频，内容既可以是搞笑幽默，也可以是时事评论，最终打造出自己的品牌，成为"网红"的一员。

10.3.6 大数据营销

在互联网时代，尤其是移动互联网时代，大数据营销是任何营销方式的基础。在 APP 营销中，你更应该发挥自有 APP 的作用，对移动数据进行采集和分析。

如果你的移动营销都是在第三方平台进行的，如微博、微信等，你想要获得数据，就得“看别人的脸色”，此时，你能采集的流量十分有限。在 APP 营销中，你则要根据 APP 需求，尽可能地获取权限，从而采集到更多的数据。

与此同时，你也要建立专业的数据分析团队，从庞大的数据中挖掘出真正的价值。

10.4
LBS+APP 营销

10.4.1 签到模式

与 PC 互联网营销相比，移动营销最关键的区别就在于 LBS 定位。所谓 LBS 定位，就是基于用户位置，为用户提供相关的服务。在活动营销中，你可以融入 LBS 定位元素，为用户提供本地化的活动体验。

基于 LBS 定位，你可以在 APP 中，开发类似“足迹”的功能，让用户通过位置签到，来获得一定的奖励，从而增强 APP 的用户黏性。一般而言，你可以采取以下三种手段，如图 10-3 所示。

图 10-3 利用 LBS 增强用户黏性

第一，荣誉勋章。在用户的每一次签到中，根据位置、距离等元素，给予用户一定的积分奖励，当用户积累到一定积分时，则可以给予勋章、称号之类的荣誉，以满足用户的成就感。

第二，积分兑奖。为了进一步刺激用户，你可以给予用户以积分兑换产品、服务的权利。你还可以与第三方进行合作，扩大自身的“奖品池”，让积分的作用更大，增加用户黏性。

第三，O2O 模式。你可以采取线上线下相结合的模式，设计“跑酷”活动。比如线上发布指定位置，如果用户到达该位置时，则可以获得相应的奖励。

2014 年 9 月，麦当劳就与百度地图合作推出“满城开跑抢樱花”活动。当用户参与该活动时，百度地图会根据用户位置，找到最近的麦当劳甜品站并规划路线，如果用户在规定时间内到达甜品站，就可以免费获得麦当劳新品——樱花甜筒。短短两周内，该活动主页访问量超过 2000 万，分享次数超过 50 万次，社交曝光量接近 7000 万！

10.4.2 基于地理位置的信息推送

APP 营销想要刷新“存在感”，离不开精准推送，而精准的信息推送则离不开地理位置。试问，如果用户人在上海，你却疯狂推送北京的活动信息，用户是什么感受？如果用户下午六点刚来到港汇广场，你就推送上一条“附近的美食”信息，用户是否会点击呢？

正是因为这样的原因，如今，几乎每一款 APP 都会尝试获取用户的位置信息，因为位置是移动营销的关键数据。你的 APP 同样不能忽视位置信息，你一定要尽力获取位置权限，并实时更新用户的地理位置，借此实现基于地理位置的信息推送。

银行信用卡中心可以说是采用基于地理位置推送信息的先行者，但令人尴尬的是，信用卡中心采用的位置数据大多是基于用户办理信用卡的地点。但如今的用户却有极大的流动性，可能用户今年在上海办卡，明年就到北京工作，此时，很多信用卡中心却仍是坚持向用户发送上海的优惠信息。

10.4.3　LBS 定位客户

你的精准推送离不开位置数据，但位置数据却并非唯一的建模标准。大多数企业都会抱怨：一般企业的目标客户，哪能像餐饮行业一样，仅需位置和时间两个数据就能实现定位？

然而，事实真的如此吗？

大多数 APP 在用户注册时，都会要求用户输入性别和生日信息，以帮助他们获取性别和年龄两大关键数据，但除非实名认证，否则你也无法判断用户填写信息的真实性。在你无法获取更多的数据之前，仅靠 LBS，你也能够精准定位你的目标客户。

如何做到这一点呢？

借助 LBS 功能，你可以长期采集用户的位置数据，经过一段时间的积累，你就能够描绘出用户的生活轨迹（见图 10-4），尤其是上班族的活动规律：工作日，每天几点从 A 地出发去往 B 地，几点离开 B 地，几点回到 A 地；休息日，停留在 A 地，或是经常去往 C 地，又几点回到 A 地……

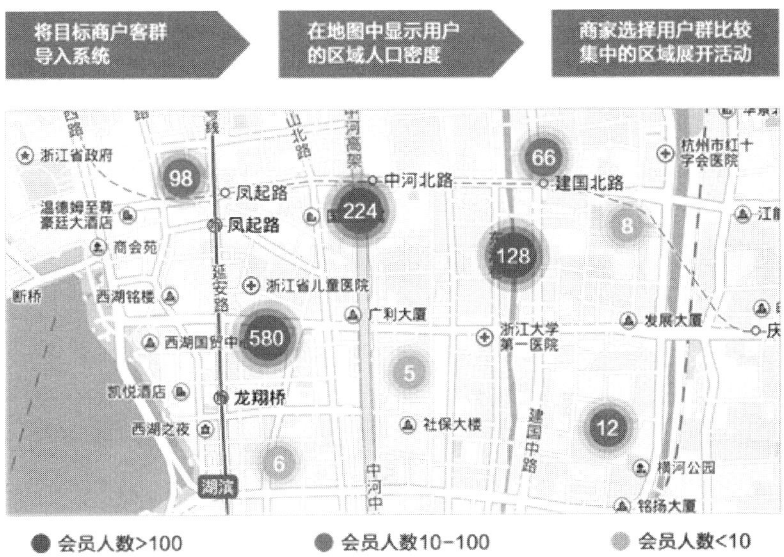

图 10-4　LBS 可描绘用户生活轨迹，发现用户聚集特征

仅靠时间和位置数据，你就能够定位用户的住址和工作地点，并根据工作日的地点变动情况大致定位用户的工作性质，根据用户周末的行动轨迹，你又能大致推测用户的休闲习惯和消费偏好……如此分析下来，你就能基本定位该用户的营销价值了。

10.5
二维码 +APP 营销

10.5.1 增加扫描率的关键点

在移动营销时代，二维码是不可或缺的工具，APP 营销也同样如此。为了缩短用户安装 APP 的周期，扫码下载安装无疑是最快捷的方法。然而，生成二维码很简单，增加扫描率却不简单。那么，增加扫描率的关键点在哪里呢？

1. 告诉用户为什么

想要让用户扫码，首先要让用户看到你的二维码。但是，展示二维码的方法有很多，你直接将之贴出去即可，但用户会只看到一个孤零零的二维码，就打开手机扫描吗？用户为什么要扫描你的二维码呢？

举例来说，很多人会将二维码印刷在传单上，此时，用户扫码的前提是，你的传单上有他感兴趣的内容。因此，在让用户扫码之前，你首先需要依靠其他营销方式引起用户的兴趣，让用户想要进一步了解你的品牌、产品或服务。

2. 告诉用户有什么

当用户被你的营销信息所吸引时，他们有很多方法进一步了解，最简单的方法莫过于打开手机“百度一下”，为何要耗费流量扫码安装APP呢？毕竟，卸载APP也很麻烦。因此，你在告诉用户为什么的同时，也要告诉用户你的二维码里有什么。最直接的方法当然是“扫码送优惠”，比如扫码安装即送200元优惠券等。

与此同时，你还要告诉用户扫码之后会出现什么，是微博号、微信公众号，还是APP，或是付款码？如果用户以为二维码的背后是微信公众号，却弹出个APP下载窗口，用户可能就会关闭窗口，遗忘该二维码。

3. 让用户扫得到

户外广告受到很多营销人士的钟爱，在移动营销时代，也有很多人将大大的二维码印刷在户外广告上。然而，你的二维码虽然因此得到很好的展示，但尴尬的一点在于，户外广告上的二维码，通常无法达到所需的解析度。此时，即使用户打开手机扫一扫，他们也一无所得。

因此，根据不同的二维码载体，如户外广告、电视屏幕等，你要对二维码本身进行适当的调整，以便保证用户的扫码成功率。

10.5.2 个性二维码

二维码的标准形式就是黑白双色，但在遍地的二维码中，你的二维码如何脱颖而出呢？你同样要从提高二维码“颜值”出发，制作更具个性的二维码。

在生成二维码时，你或许会对二维码的大小、颜色进行一定的调整，但其识别度仍然较低。其实，二维码本身具有较强的纠错能力，即使二维码部分被覆盖或丢失，但依旧能够识别出记录的完整信息。因此，在定制个性化二维码时，你就可以突破黑白方块的限制，尽情发挥你的创意。

首先，中心替换法。二维码个性化的常用方法，就是将二维码中间的方块图形替换为企业 Logo 或卡通形象，从而提高二维码的识别度，如图 10-5 所示。

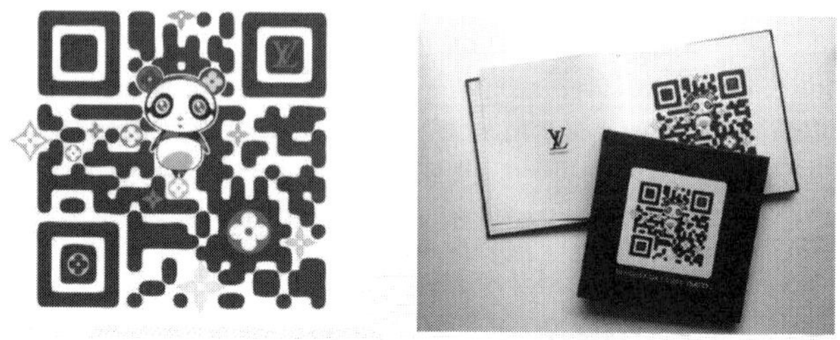

图 10-5 商家将二维码中心替换为企业 Logo 或卡通形象

其次，环境嫁接法。你可以将二维码作为核心，在对二维码本身进行适度的变形改造后，将之融入到环境当中，形成一幅完整的图案，如图 10-6 所示。

图 10-6 二维码中融入环境要素

最后，整体造型法。发挥发散性思维，对二维码进行重新构图，你就会发现，黑白色方块可以变成任何东西，如图10-7所示。

图10-7　二维码造型改造

10.5.3　二维码支付

移动互联网的迅猛发展，让移动支付逐渐融入人们的日常生活，而移动支付的关键就在于二维码支付。如今，很多人都习惯了只带一部手机、一点现金、几张卡的“轻量生活”，如果你不能支持二维码支付的话，用户无疑会感到失落，甚至可能因为其他支付方式的麻烦，而放弃支付。

如今，移动支付的两大工具就是支付宝钱包和微信支付，其中支付宝钱包更是市场龙头。为了进一步占据市场，无论是用支付宝钱包，还是微信支付，你都能够轻易生成出“收款二维码”。

此时，你则可以根据APP布局，将该二维码放置在合适的位置，或是在客服沟通过程中发送给用户。当用户决定下单购买时，就可以直接扫码支付，你则可以在后台检查到账情况，并给予用户相应的产品或服务。

第 11 章

移动营销之软文营销

11.1 软文营销的价值

在前十章中，我们不止一次谈到过软文，几乎在所有的内容营销中，你都要尽量采用软文营销。为什么在硬广大行其道几十年后的今天，一切都要变得“软”起来呢？

答案很简单，因为在商品经济高度发达后的今天，卖方市场已经转变为买方市场。当你失去话语权之后，你又如何能够“硬”起来。而在移动互联网时代，也只有软文，才能让用户有读下去和传出去的欲望。

那么，软文营销的价值究竟何在呢？

11.1.1 隐蔽性强

软文营销的价值，首先就在于一个“软”字。区别于传统的硬广，在移动营销时代，一旦用户发现这是一个广告，内容也毫无价值，他们自然不会再多看一眼。如何才能让用户完整地接受你的营销意图？

这就需要隐蔽性极强的软文营销。在软文营销时，你一定要记住，你不是在创作一篇广告，而是在创作价值内容。

事实上，在软文营销中，软文本身的内容，就能够向用户传递有价值的信息，或是解决用户的某些问题，或是给用户带来乐趣。与此同时，将你的品牌、产品或服务隐藏于其中，你甚至不用刻意地夸你的产品，只需体现出它的某个特色即可。

2016年5月，微博上一篇“用互联网思维带孩子”的长微博火了起来。这篇文章讲述的是，一位父亲的儿子超爱玩旋转木马，但在成本压力下，父亲决定自制旋转木马。在旋转木马的制作过程中，父亲用到了各种工具，其中就包括作为木马替代品的——具有定速巡航功能的小牛 M1 电动车（见图 11-1）。事实上，在整篇长微博中，定速巡航和小牛 M1 两个名词只出现过一次，但任何看过这个“长段子”的用户，心里都会对该产品产生好奇。

11.1.2 主动传播

试想，如果你发布的内容只是一篇“硬广”，如“某某品牌天下第一”，有哪个用户会主动进行传播？除非是有转发抽奖活动，或者是你朋友圈里的下属……而价值内容却能引发用户的主动传播。

因此，以价值内容为核心的软文，自然能够获得更为广泛的主动传播。也只有这种内容，会在你给予一个“初速度”之后，不仅不会减速，反而会不断加速辐射。

另外，在微博、微信、百度等平台，作为影响用户使用体验的重要因素，广告

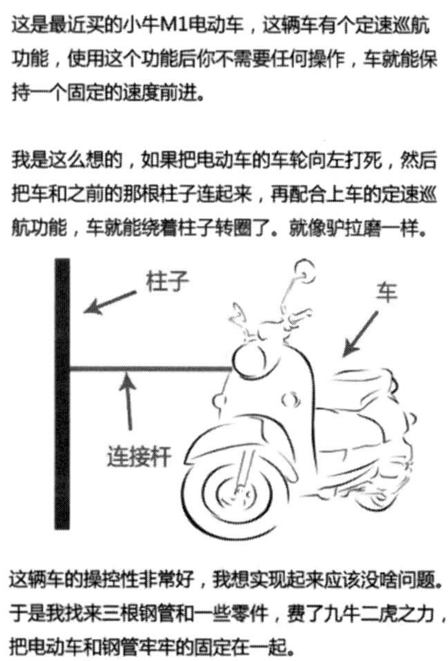

图 11-1　隐蔽性极强的软文

一直受到严格控制。但软文却不会受到限制，因为这些具有内容价值的文章，其实也是平台增长基石的一部分。

仍以“用互联网思维带孩子”为例，虽然很多人都能看出这篇文章是小牛M1的营销软文，但众多“大V”仍然愿意转发，甚至微博总裁@来去之间都对其进行了转发评论，如图11-2所示。

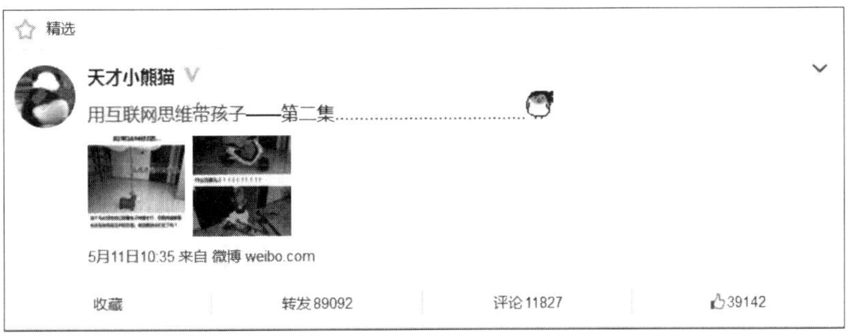

图11-2　精彩软文内容用户会主动转发

11.1.3　新闻性高

软文的“软”在于广告色彩的弱化，但在营销内容上，你却要做到足够的“硬”，你的段子需要足够“可乐”，你的关键信息则要足够真实，要结合热点和新闻形式。

1. 内容真实

经不起推敲的软文，只会迎来用户的不屑。错漏百出的软文，更会在营销目的暴露之后，损害你的品牌形象。

2. 结合热点

一篇质量上乘的软文，不仅能够潜移默化地广泛传播，更能够轻易转变为一篇新闻稿。软文的内容并非只是段子，结合时事热点的新闻资讯，同样是软文的重要形式。当你以最快的速度创作出一篇内容够硬的软文资讯时，它甚至能够成为到处流传的“通稿”。

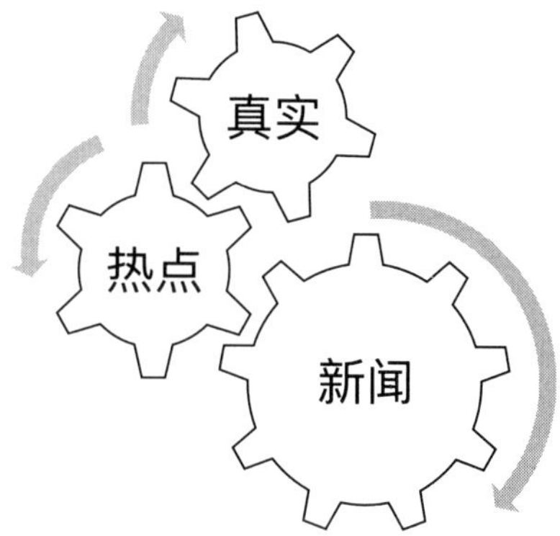

图 11-3 软文的新闻性要高

3. 新闻形式

你可以创作新闻类的软文，将软文伪装成新闻的形式，吸引用户的目光，并借助新闻形式增加软文的可信度。只有赢得用户的信任，你的用户才会付诸行动。

11.1.4 促进销售

很多软文都可以被称为产品性软文。由于品牌形象大多过于宽泛，你很难将其融入内容具体的软文，而产品的具体特征，则能够很好地与软文产生互动。因此，你可以在每个新品发布时，设计一篇针对性强的软文，以独特的功能引起用户的好奇。

如果你追求最隐蔽的营销推广，你可以只提产品名，甚至是功能名，让用户自己去搜索；你也可以将产品链接或二维码附在软文末尾。

需要注意的是，产品性软文营销必须和百度营销相结合，让用户搜索相关关键词之后，快速检索到你的信息，否则，你的软文营销则可能“为他人作嫁衣”。

11.1.5 危机公关

在你的危机公关中，你首先需要做出正面、严肃的回应，但明显的公关色彩，有时也会因为用户的不信任，而收效甚微。因此，与此同时，创作一篇危机公关的软文，则能够帮助你度过危机。

11.2 软文写作技巧

11.2.1 夺人眼球的标题

好的标题是软文成功的一半。在这个碎片化阅读的时代，在用户了解文章的大概内容之前，他们不会轻易让自己花费大量时间阅读长文章。因此，你必须为你的软文拟定一个足够简洁、诱人的标题。

1. 有创意

在软文营销中，用户首先看到的是你的文章标题，之后，他们会根据该标题，判断文章是否具有阅读的价值。而一个极具创意的标题，则能够很好地引起用户的好奇。

2. 有思想

很多软文标题为了追求创意，反而显得“飘在云端”，让用户看到标题却不知所云。创意的标题，也需要言之有物，以思想和内涵激发用户的阅读欲望。

3. 要真实

千万不要做纯粹的“标题党”。有时候，真实的力量更有感染力。

一般而言，以利诱人的标题最具吸引力，新闻调查类、教程类的标题则最具可信度。以下是几个成功的软文标题：《在线教师1小时收入1万8，一晚上能赚10万多》《记者观察：网上项目外包风生水起》《终于，多功能车开始用安全诠释豪华》。

11.2.2 关键词布局

软文推广的成功，源自于广泛传播实现的覆盖式营销。只有当你的价值内容吸引到更多的流量时，你才能从中挖掘出你的潜在消费者。而要吸引流量，则离不开SEO运营方法，你需要让你的软文更容易被搜索到。

为此，在软文写作时，你必须合理插入关键词。

1. 选用关键词

在选用关键词时，你可以在百度或微博热搜榜（见图11-4），寻找最近最热的关键词。从中挑选与你的营销信息相符的关键词，并将之合理地插入到你的软文中。切忌为了迎合热搜，而盲目插入。

你的关键词需要与你的营销主题相契合，甚至，你可以围绕某关键词或热点事件，将营销信息融入其中，创作相关的软文。总而言之，关键词与营销信息，都可以作为软文的主题和副主题，关键在于两者的相关性。

图 11-4　利用百度风云榜选择关键词

2. 关键词布局

当你选定关键词之后，如何将它插入到软文当中呢？根据软文的几大组成部分，你可以按以下规则插入。

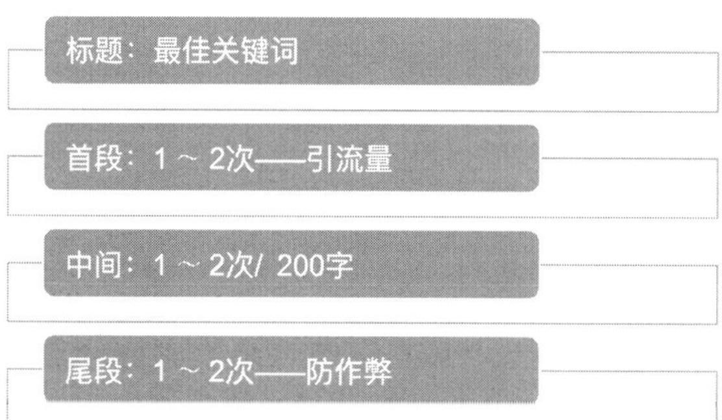

图 11-5　软文中的关键词布局策略

首先，标题。在大多数搜索引擎中，标题都拥有极高的权重，因此，你的最佳关键词，最好出现在标题中。

其次，文章首段。在百度搜索中，百度快照会截取文章的首段内容作为描述。因此，在文章的首段，你可以让关键词出现 1 ~ 2 次。

再次，中间部分。软文的中间部分，有较大的自由发挥空间，但也不要过于集中地展示关键词。尽量将你的关键词出现频率控制在每两百字出现 1 ~ 2 次。

最后，文章结尾。在判定文章是否原创时，大多数算法都是在文章首尾各抓取 100 字，如与已收录的文章过于雷同，则可能会被判定抄袭。因此，在文章结尾处，在用心原创内容的时候，你也要让关键词保持 1 ~ 2 次的出现率。

11.2.3 广告信息巧妙融入

对于营销者而言，真正的关键词则在于你的广告信息，这也是你创作软文的最终目的。但软文之所以“软”的关键，就在于广告信息的巧妙融入，让你的文章看不出丝毫广告痕迹。你必须要让你的广告成为内容的一部分。

1. 案例说明

较为简单的方法，是将广告信息作为案例说明。当你想要论证一个论点时，你可以选择大量的案例。此时，你就可以将广告信息作为案例融入其中。另外，为了保证你的广告信息的突出，你还可以将之与知名度较高的品牌进行对比分析。

2. 适度出现

为了隐藏你的营销意图，广告信息的出现一定要适度。大致上，广告信息的出现频率，可以与关键词的出现频率保持一致。事实上，如果内容创作足够巧妙，那么，仅需融入一次广告信息，就可以达到软文营销的效果。

11.2.4 紧跟时事热点

在创作软文内容时，你一定要尽可能地紧跟时事热点，从而展现软文的时效性。与此同时，紧跟时事热点，也能够让你的软文借势传播。在信息大爆炸的今天，时事热点并不难找，难点却在于如何选择。

此时，你可以选择普遍关注的时事热点，如“冰桶挑战”、《美国队长3》等全民关注的热点。为了借势，你既可以对事实热点进行评论解说，也可以只是将之作为关键词，或者是干脆对此进行再创作的改编。

但在一些专业性较强的行业，你则可以选择较为小众的时事热点，对其进行深挖，以更具价值的技术性内容，赢得专业人士的关注，并借此提升你的产品价值。

Alpha Go 击败围棋选手李世乭，对于一般人而言，这只是一个颇具科幻意味的新闻。但在 IT 行业，尤其是人工智能领域，这却是一个里程碑式的事件。因此，许多 IT 品牌都顺势进行软文营销，试图将自身的产品与 Alpha Go 放在一个阵列。

11.2.5 图文配合

任何一篇出彩的软文，都离不开出色的图文配合，这就是所谓的图文并茂。如果你的软文只有大段的文字，那么，除非你的内容真的极具价值，而你的用户也极具“考究”精神。

因此，针对你的软文内容，你需要适量插入一些图片。而图文配合的关键就在于比例恰当。一般而言，一篇一千字的软文，你可以插入 3 ~ 4 张图。除了头图可以选用无意义的“吸睛”图片之外，其他图片一定要与软文内容相匹配，最好是自制图片，以发挥图片的辅助说明作用。

11.2.6 巧妙排版

在“碎片化阅读”时代，如果你想让用户看大段的文字，就必须将之分成多个小段，保证每段文字在200字以内。与此同时，尽量精练你的语言，切忌啰唆。

巧妙排版是软文成功的关键。发表于互联网平台的软文，与传统的报纸、杂志、期刊等都有极大的区别。针对PC和移动端显示屏的不同，根据微博、微信、论坛等平台的显示效果，你需要创作不同排版的软文，以进一步保证用户的阅读体验。

这篇《健身——选择一种更积极的生活方式》文章，在其开篇几段中，每段只有不到50字，甚至是一句话成一段。即使在文章正文中，每段字数也不过200字，这样的排版能够很好地适应手机阅读，如图11-6所示。

图11-6　软文排版要巧妙

11.3 软文发布技巧

11.3.1　问答式软文发布技巧

1. 发布平台

问答式软文更适合于各类问答型平台，如百度知道、知乎以及天涯等。基于这些平台本身的问答属性，其用户大多热衷于提出疑问、回答问题，甚至是研究别人的回答。

2. 发布技巧

你可以在这里抛出你的问题或寻找别人的问题，再将广告信息融入在回答中，从而实现第三方口碑传播。问答式软文的发布有三个小技巧，如图 11-7 所示。

图 11-7　问答式软文发布的技巧

第一，遵守规则。在发布问答式软文时，你首先需要遵守各个平台的规则，尤其是“遵守”禁止广告的规则，学会尽可能隐藏自身的营销意图，避免被平台发现而受到处罚。

第二，自问自答。如果没有别人发布适合营销的问题，你就需要准备多个“马甲”账号，通过自问自答，来实现营销效果。

第三，控制频率。无论如何，问答式软文的发布都要适度。每天每个平台控制在 4 条以内，以免短时间内频繁出现，触发平台的反广告检查。

11.3.2　新闻类软文发布技巧

1. 发布平台

当你想要发布新闻类软文时，必然是为了利用新闻本身的可信度，以传播行业资讯、引领消费时尚，并指导用户的购买决策。

因此，在选择发布平台时，你需要双管齐下。

首先，选择领域内的专业性平台，借助平台提升软文的可信度，如 IT 行业的中关村在线、汽车行业的汽车之家等。

其次，选择传播范围广的平台，将专业网站的链接置于其中，在加速传播中，继续发挥专业平台的增值作用。

2. 时效性强

除了软文创作技巧之外，新闻类软文发布技巧的关键就在于——时效性。所谓新闻，关键就在于“新”。如果你发布的内容都是“旧闻”，除非是旧闻新解，否则没有人愿意重复阅读。

11.3.3 微博、微信类软文发布技巧

微博、微信是移动互联网时代最重要的社交平台，两者已经成为移动营销的必选阵地。针对两者的营销技巧，前文也已经详细阐述。而在微博、微信等移动社交平台发布软文时，必须符合该平台的本身特色。

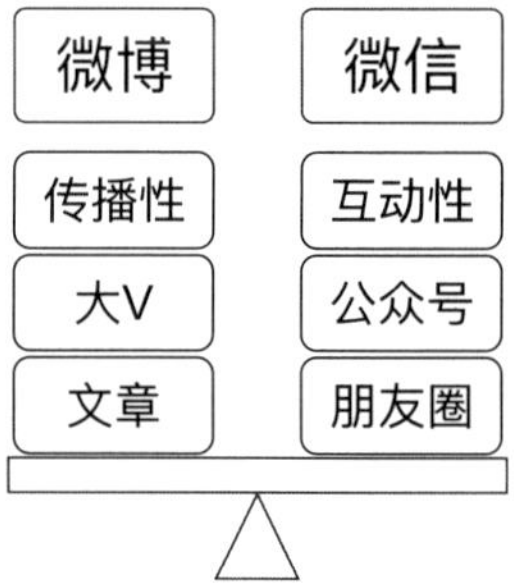

图 11-8 微博和微信的特色对比

微博和微信的特色如下，见图 8-11。

微博拥有更强的传播性，因此，需要借助“大 V”的力量，帮助你的软文增加曝光度和可信度。在微博的软文发布中，较为重要的是，你必须灵活使用头条文章、文章、图文等功能。

而在微信中，你则需要采用更具互动性的营销方式，如果你缺乏足够的精力，就要借助公众号的自助服务功能。在大量加好友之后，你需要合理安排公众号的软文发布时间，并在个人号的朋友圈中转发软文。

11.3.4 故事类软文发布技巧

故事类软文能够吸引大量具有“阅读癖”的用户，如微博上盛传的“厕所读物”“睡前读物”等，这些都是针对用户无聊消遣的需求。故事类软文

的发布平台并无限制，微博、微信或天涯等都可以，关键在于软文本身的故事性。

故事类软文的发布技巧主要在于发布时间，一般而言，基于故事类软文本身所需的较长的阅读时间，你的发布时间最好是在“通勤”、午休和睡前时间。

11.3.5 论坛类软文发布技巧

作为互联网社交的“元老级”产品，论坛的生命力至今仍然蓬勃，主流论坛形式包括百度贴吧、天涯、虎嗅、猫扑等，另外，在不同的分类领域，也存在更具知名度的论坛。

在发布论坛类软文时，你需要注意的是把握论坛内的热点和内容本身的精致，以及与用户的持续互动。一篇好质量的帖子，可以帮助你赢得版主的“加精”和“置顶”。而在发布初期，对于用户的回复你最好都给予再回复，从而引发讨论，并帮助帖子持续出现在首页，从而获得更多用户的关注。

11.4 软文写作形式

11.4.1 设置悬念式

所谓设置悬念，最简单的方法就是设问式。在软文开篇提出一个足够诱人的问题，但要注意的是，对于该问题，你必须已经拥有足够自圆其说的答案，以免让用户感觉上当，或是让软文漏洞百出。

在设置悬念的过程中，你可以直接提问，也可以将问题隐藏在内容中。

比如在一则探案故事中，你的悬念可以直接抛出："凶手究竟是谁？"或者你也可以直接开篇写出："死者生前挚友投案自首"。而在软文中，则可以采用《是什么让他的爱车走向了不归路？》《高端乳酸猪肉是忽悠吗》等悬念。

11.4.2 煽情类

情感是内容传播的重要动因，当你的文章能够刺激用户的某种情感需求时，用户自然能够表示认同并转发。而为了达到这种效果，最直接的方法就是创作煽情类的软文，直指人心，尽快以最大的力度打动人。

2016 年 5 月，在《美国队长 3》上映的同时，还有一部国产优质文艺片《百鸟朝凤》上映，这部讲述中国传统唢呐文艺的电影，却因为这样的强大对手，甚至在很多影院没有排片。为此，很多煽情类软文也由此诞生，讲述着老唢呐人的故事以及影片创作的辛酸。这样的煽情营销，也为《百鸟朝凤》带来了可观的票房，如图 11-9 所示。

图 11-9　煽情类营销形式

11.4.3　恐吓式

与煽情类软文相反，恐吓式则属于反情感式的创作方式。从某种程度上来看，恐吓式的软文因为可以直击用户的软肋，因此可以获得更好的营销效果。基于软文的恐吓式标题，此类软文吸引到的读者，基本也都是你的潜在消费者。

但要注意的是，这样的软文往往会遭人诟病，尤其是当你的恐吓毫无根据时，更会成为“辟谣”的对象。因此，恐吓式软文写作切不可过火。

微信朋友圈中总是会流传着各种各样的恐吓式软文，如“高血脂，瘫痪的前兆！”“天啊，骨质增生害死人！”“洗血洗出一桶油”等。

11.4.4 讲故事类

通过讲述一个完整的故事，带出你的产品，并让故事内容为产品“加分”，这就是故事类软文的效果。在讲故事类软文中，关键就在于将你的产品融入到故事线中，让其成为故事发展的重要线索，从而在讲述故事的同时，让用户体会到产品的关键作用。

当然，除了原创故事之外，你也可以将产品的背后故事作为讲述内容，但这样的故事，通常较难引起用户的兴趣，除非他们已经对你的产品产生兴趣。

11.4.5 热点时事类

热点时事类的软文创作，最简单的就是结合时事热点，进行再创作，也就是紧跟时事热点进行创作。

另外一种方法，则是创造热点时事。此时，你可以用新闻事件的手法进行创作，让读者将整篇软文看作是一个刚刚发生的新鲜事件。与此同时，你可以采用其他移动营销方法，增强该软文的影响力，真正将之打造为一个热点时事。但这种方法，需要你本身具有较强的营销力量。

11.4.6 产品促销类

在产品推广过程中，最常见的就是产品促销类软文，简而言之，就是以软文的形式，促进产品的销售。大多数用户对于促销信息，都已经产生极强的“免疫力”。因此，在促销类软文中，你一定要展现“第三方”的特征，切忌自卖自夸的促销信息。

与产品促销类软文一起，你还要采用其他营销方法，甚至是“买托”的方法，刺激用户的攀比心理、从众心理，以激发他们的购买欲望。

第 12 章

移动营销之视频营销

12.1
视频营销的特点

很长一段时间以来，在移动端观看视频内容都是一种“不可能”或“奢侈”的事。早期的手机大多不支持视频播放功能，即使在智能手机时代，在移动端观看视频内容的成本也颇为高昂。尤其是对于某些每月只有100M流量的用户而言，若非必要，他们绝不会在手机上看视频。

然而，随着移动互联网时代的迅速发展，尤其是智能手机硬件的升级，使录制高清视频不再困难，而流量费用的下降，以及各大互联网公司纷纷布局免费WiFi，种种因素使得随时随地看视频终于成为“常态”。

此时，视频自然也成为移动营销的重要载体。

正如在报纸、广播到电视的发展中，电视最终成为传统媒体最具营销价值的渠道一样，当用户可以随时随地看视频时，移动营销的价值也得到进一步深化。

那么，在移动营销时代，视频营销又具有怎样的特点呢?

所谓视频营销，顾名思义，就是制作各种视频内容，并将之推广到用户眼前，以达到营销目的的一种营销方式。

12.1.1 技术特点

移动视频营销需要采用数码机HTML5技术，融合视频、音频及动画等多种形式，在用户操作 APP 的过程中，向其推送视频广告。技术的发展让移动视频营销成为可能，而在这样的移动技术支持下，移动视频营销也呈现出独有的技术特点，包括：声影俱备，碎片化展示，不滞留页面，互动性、感官性较强。

12.1.2 分类特点

与传统视频营销不同，基于移动智能终端本身的特殊性，移动视频营销的分类也有其特点。一般而言，移动视频营销可以分为以下三类。

1. 悬浮窗口式

由于智能手机的屏幕较小，多任务间切换、多任务同屏等技术仍需完善，视频内容暂时无法后台播放。因此，为了便于用户进行多任务操作，很多 APP 加入了视频内容悬浮播放的功能，也就是当用户点开视频时，生成小视频窗口，用户可以对其进行拖动、暂停、全屏等操作，从而实现更强的灵活性和互动性，如图 12-1 所示。

图 12-1　悬浮式视频窗口

2. 贴片模式

如今，移动智能终端存在着极为丰富的视频类 APP，如优酷土豆、爱奇艺、腾讯视频，以及微博的秒拍和微信的小视频等，如图 12-2 所示。各种各样的视频类 APP，丰富多彩的视频内容，让传统的贴片广告也得以焕发新生，赞助、植入等贴片形式，仍然适用于移动视频营销。

图 12-2　视频网站贴片广告

3. APP 内置

此种视频营销方式多用于游戏类 APP 中，由于在手游的操作中，通常存在较长的资源加载等待时间，在该段时间内，用户只能看着进度条的前进。而你则可以将视频广告插入其中，配合进度条的加载，自然地向用户展示你的营销信息。

12.1.3　营销特点

纯以营销而言，移动视频营销有怎样的特点呢？

第一，移动视频广告不会滞留在手机页面，因此，其营销方式也更加友好、绿色。

第二，移动视频广告可以置于APP的加载界面，不会影响用户的使用体验。

第三，视频可以为用户带来更具冲击力的视听感受，其广告效果也更为明显。

第四，根据用户的行为数据，更为精准地投放视频广告，使视频营销更具针对性。

Medialets的最新研究显示，移动广告互动率将因视频的推动而提高35%。视频营销，能够极大提高用户对产品宣传的关注度和关注时间。据调查，2016年，49%的广告主准备增加视频营销支出。

12.2 视频营销的平台选择

12.2.1 优酷土豆网

2005年4月，土豆网正式上线，成为全球最早上线的视频网站之一；2006年12月，优酷以“快者为王”的理念，在国内视频网站行业占据一席之地；2010年12月8日，优酷登陆美国纽交所，成为全球首家独立上市的视频网站；2011年8月17日，土豆成功登陆纳斯达克……2012年3月12日，“相爱想杀”

的优酷和土豆，则以 100% 换股的方式合并。2016 年 4 月 6 日，优酷土豆完成私有化，最终成为阿里巴巴的全资子公司。

优酷与土豆的合并，阿里巴巴的资本支持，终于制造了中国视频网站领域的一大霸主。因此，坐拥 4 亿用户的优酷土豆也成为视频营销的重要平台。优酷土豆视频营销价值体现于以下两点，见图 12-3。

1. 协同投放

优酷土豆虽然完成合并，但两者仍然采取独立运营的方式，以不同的定位，为不同的用户群体提供视频服务。但在视频资源上，两者却已经想通，也就是说，无论你在优酷还是土豆上投放视频，无论用户是在哪个网站搜索，都可以搜到你的视频资源。

图 12-3　优酷土豆视频营销价值

2. 数据支持

作为国内最顶尖的数据服务商，阿里巴巴对于优酷土豆的收购，也意味着一个涵盖视频内容的全新营销闭环的形成，商家得以通过视频直接与消费者实现对接。与其他平台相比，在数据分析、人群定向等领域，优酷土豆无疑拥有更加扎实的数据技术基础。

12.2.2　爱奇艺

在视频网站领域，不同于阿里巴巴的“有钱任性”，早在 2010 年，百度就成立了独立视频公司——奇艺，并于 2011 年底更名为爱奇艺；2013 年，百度收购 PPS 视频业务，并与爱奇艺合并。虽然是后来者，但凭借优质的视频资源，在 2015 年 4 月，爱奇艺的活跃用户数就已经超过优酷土豆，并保持着较高的增长态势。

1. 自制内容

为了实现差异化发展，爱奇艺很早就将精力放在内容优化上，在大量购买优质内容版权的同时，爱奇艺也推出了《盗墓笔记》《奇葩说》等热播视频内容。

在移动视频营销时代，代表流量价值的广告营销、代表整合价值的植入营销和代表创新价值的精准营销，是内容营销的“三体”。而对爱奇艺这样一个以内容 IP 为核心的视频平台，以视频进行内容营销自然更加得心应手。

2. 百度权重

作为百度视频战略布局的重要部分，在百度搜索结果中，爱奇艺所占权重也相当高。尤其是随着爱奇艺整个视频生态体系的完善，基于百度搜索这一重要流量入口，在爱奇艺的全网视频中，甚至能够观看到优酷土豆等多个平台的视频内容。

12.2.3 腾讯视频

作为中国互联网三巨头之一，当阿里巴巴、百度纷纷布局视频平台时，腾讯自然也不甘落后。早在中国视频网站行业兴起之初，腾讯就推出了腾讯播客、QQLive，但一直没有取得很好的成绩。

直到移动互联网时代的到来，当视频平台成为仅次于社交平台的流量入口时，腾讯也开始重新布局，整合推出腾讯视频。凭借庞大的用户基数和强大的公关能力，腾讯视频也迅速取得多个重量级节目的独家在线播放权利，包括 2015 年春晚和 NBA 直播等。

从整体内容价值来看，与优酷土豆、爱奇艺相比，腾讯视频并没有突出的竞争优势。然而，从视频营销价值来看，当腾讯视频与QQ、微信结合起来时，如果你不选择腾讯视频，也就难以让你的营销视频，通过QQ和微信实现快速传播。

12.2.4 其他视频平台

1. 搜狐视频

在中国门户时代，搜狐一直占据巨头地位。但随着门户时代的过去，搜狐却一直没有找到合适的发展方向。之后，凭借丰富的正版美剧资源，搜狐视频异军突起，受到很多美剧爱好者的追捧。伴随着搜狐开始向自媒体发展，搜狐视频的营销价值也更加突出。

2. 乐视视频

在中国互联网行业内，乐视有着极高的曝光度，这是因为在乐视总裁贾跃亭的战略布局中，乐视并不仅仅是一个视频网站，乐视电视、乐视手机，甚至是乐视电动汽车，一系列的硬件发布，向市场展现了乐视生态布局的决心。而在乐视的强势布局中，乐视视频则是内容核心，因此，借助乐视的快速发展，乐视视频也成为营销借势的重要对象。

3. 直播平台

2016年可以被称为“直播年”，直播平台本是一种小众视频服务，如电子竞技等，但从2015年下半年开始，直播平台却迅速发展，斗鱼、虎牙、熊猫……各种直播平台蜂拥而起，各种资本力量一拥而入。如今，在APP市场中，你可以轻易地搜索到一百多个直播类APP。

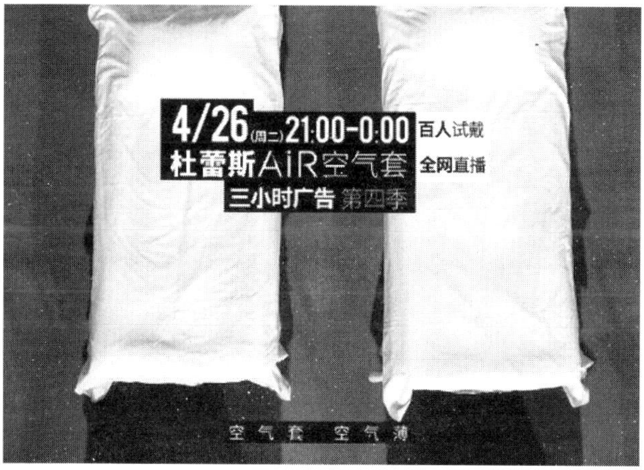

图 12-4 杜蕾斯的直播营销

作为一种新型的传播形态，视频直播之所以能够获得如此快速的发展，正是因为其强大的互动性，是任何其他视频形态都无法实现的。直播平台的视频营销的核心就在于互动性，根据观众的评论，你随时可以做出回应和调整，如图 12-4 所示。

在“网红经济”甚嚣尘上的如今，直播平台也成为视频营销的重要阵地。

12.3 病毒式视频营销技巧

视频是病毒式营销的重要载体，借助视频本身声影俱备的特点，当你的视频成为“病毒源”时，在病毒式传播中，其营销效果也令人惊叹。那么，病毒式视频营销有怎样的技巧呢？如图 12-5 所示。

12.3.1 内容为本

视频营销的关键就在于“内容即媒介”，视频内容决定了其传播的效率。在病毒式的视频营销中，你首先要保证自己的“病毒源”足够强大。

图 12-5 病毒式视频营销要结合好内容、创意与互动

出色的视频内容，甚至能够让内容“长出脚来”，让用户主动进行传播。在创作视频内容时，你要抓住目标用户的心理需求，让视频具有卖点和看点，以经典、趣味、惊奇的内容，刺激用户进行主动传播，从而实现病毒式传播。

第一，控制时长。视频内容要尽量简短，不要耽误用户太多的时间，如果视频过长，很多用户甚至会直接忽略，或在“收藏”之后遗忘。一般而言，你需要将视频时长控制在 3 分钟以内。

第二，剧情紧凑。你要做的是短片，而非电影，更非电视剧。因此，你就要让视频剧情足够紧凑。在视频的前 30 秒内，你就要抓住用户的心，让他们愿意继续看下去。在讲故事的同时，融入你的主题思想。

第三，互动。只有与用户实现互动之后，用户才会评论、转发。为此，在视频内容中，你就要与观众进行沟通，并尽量赋予观众以角色，将他们塑造为不可或缺的一部分。另外，如果你采取直播视频，更应该随时保持互动，让用户帮助你进行内容创作。

第四，配乐。视频本身就是视频、音频、文字的融合，你可以制作一个没有台词的纯视频，却很难创作出优质的无声视频。合适的配乐能够起到绝佳的烘托效果，在各大音乐平台中，都有关于背景音乐的歌单，你要从中找到最合适的。

第五，控制情绪。视频能够很好地调动观众的情绪，此时，你就要根据营销目的和视频主题，控制观众的情绪，或煽情、或搞笑、或恐怖……让观众在情绪上，与你的视频产生共鸣。

第六，精致视频。很多人在观看视频时有截图的习惯，他们会从视频中截取经典的图片或动图，并与朋友进行分享。因此，在视频制作时，你就要保证每一帧都足够精致，甚至主动截取图片和动态图，一方面作为视频的简介，吸引用户观看，另一方面则是为观众的主动传播提供素材。

12.3.2 互动为器

你的视频创作是为了营销，除非你有足够的创作能力，否则，切忌投入过多的精力在内容创新上。在视频创作中，你只要充分考虑用户的需求，甚至是让用户帮助你制作视频。就能赢得用户的认可，并在某个社群中实现病毒式传播。

为此，在视频制作过程中，你可以发布主题视频征集活动，让用户主动制作视频，与你进行互动。当然，这样的活动能够很好地刺激用户的参与，但你却很难确保视频的内容质量和创作方向。因此，在营销过程中，你也可以与用户进行互动，让用户告诉你他们想看什么，并根据用户的需求，结合自身的营销需要，制作出一个双赢的视频。

很多人看美剧时，往往会有“逻辑混乱”的感觉，比如上一季死掉的主角，这一季又莫名复活了。之所以如此，就是因为美剧在创作中，会实时把握观众的需求，他们想要怎样的剧情走向，创作者就会以此为方向。当然，如果观众纷纷表示不好看，那么，即使有再长远的规划，也可能在播放一季之后，戛然而止。

12.4 营销信息植入技巧

视频营销的根本在于内容营销，营销视频并不是传统的电视广告，厌倦了电视广告的用户，也不可能在互联网中特意点开一个广告来看。那么，在创作视频内容的同时，如何植入自己的营销信息呢？

12.4.1 反客为主，围绕品牌做内容

在视频营销中，你不能直接制作硬广，但为了充分植入你的营销信息，你则可以干脆反客为主，围绕品牌做内容。此时，你的视频内容是以营销信息为核心的，这些信息也不需要再藏着掖着，更不是视频内容的边角料。

为此，你就要策划出一个足够精巧的故事，让你的营销信息成为故事推进的关键线索。这样一来，在观众观看故事时，自然会记住你的营销信息是关键。

谷歌曾经创作过这样一个营销视频：一对“二战”期间走散的兄弟，到老时想要再见兄弟一面。为此，两位老人的孙子、孙女，借助谷歌

的各种搜索技术，不断挖掘线索，最终让兄弟二人久别重逢。整个视频的内容十分动人，但在故事推进的同时，谷歌搜索的先进技术也得到展示。

12.4.2 画龙点睛，将惊喜留在最后

如果你的产品不足以成为一个故事推进的关键线索，那么，不妨将之作为视频最后的惊喜。在视频中，你可以将大量的篇幅用于内容创作和情感铺垫，并在最后，推出你的营销信息，从而起到画龙点睛的作用。

在3分钟的视频中，你可以在前2分50秒讲述一个打动观众的故事，勾起用户的某种需求痛点，让用户感觉到："对啊，这样确实很麻烦，我真的不想这样。可是，我该怎么办呢？"在最后10秒内，展示你的营销信息，给予用户解决痛点的答案，让他们主动搜索了解更多的信息。

微博上流传过这样一个智能厨房的营销视频：视频用了大量的篇幅描述了一个都市上班族的饮食生活，繁忙的工作让厨房成为了摆设，快餐、外卖成为菜单的全部内容，主人公说着"没事，习惯了"，心里却仍然渴望吃到"家的味道"，于是，在视频的结尾，智能厨房的信息顺势而出，给出了这一需求痛点的解决方案。

12.4.3 蜻蜓点水，在幽默中大胆植入

如今，植入广告已经成为许多视频制作的"标配"。因此，如果你无法做出更具观赏性的营销视频，那么，不如使用蜻蜓点水的方法，在不引起用户反

感的前提下，大胆植入你的营销信息。

在很多剧集制作中，都存在这样的营销信息植入：主人公网购打开淘宝，敲门的是京东快递，晚餐吃着必胜客，墙上挂着优衣库的购物袋，窗外是平安保险的巨大招牌……此时，无需给予特写，只需镜头一扫而过，确保观众可以看到这些营销信息，这样就在不影响用户体验的同时，植入营销信息。

在综艺节目中，赞助商的营销信息植入也可以更加直白，伴随着节目的进行，主人公顺势说出赞助商的广告词，并在后面加上一句："赞助商得给我加钱了。"在保证节目效果的同时，同样能够实现营销目的。

12.5 定向推广技巧

大数据时代，让精准营销、定向推广成为可能。依靠用户行为数据分析，你可以找到你的目标受众，从而制作出更具针对性的营销视频，并以更小的成本，实现更优的营销效果。

12.5.1 用户分析

在实现视频的定向推广之前，你首先要弄清楚你的方向在哪里，也就是说，你的用户是谁。如果你都无法定位你的目标用户，你的定向推广也就毫无意义。

在用户分析中，除了用户性别、年龄、职业、地域、消费习惯、品牌认知、收入等信息之外，还要加入另外一个分析要素，那就是观赏偏好，即用户喜欢看怎样的视频。

对于观赏偏好的衡量，可以从三个维度进行，即类型、时长、时间点。将用户的行为数据综合分析，你就可以找到营销视频的创作方向。

12.5.2 平台分析

视频营销的火爆，使得各种各样的视频平台层出不穷。在如此多的视频平台中，如何进行选择呢？主流的视频平台都有自身的优势，你需要将之与自身营销需求相结合。

目前，为了吸引广告投放，大多数视频平台都会发布自己的用户分析报告。你可以根据这些分析报告，将之与自己的目标用户相匹配，从而找到最佳的视频营销平台。

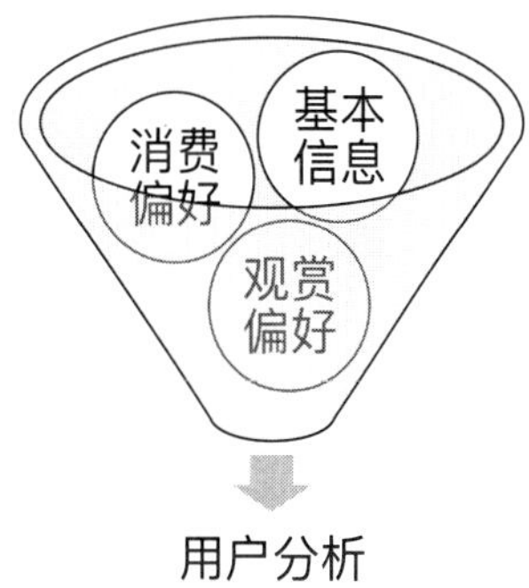

图 12-6　定向推广要善于分析用户

除了主流视频平台之外，如微博、微信等都已经支持视频内容的发布，因此，在视频营销中，你需要采取多平台结合的方式。在视频平台上发布视频，并将之分享到微博、微信等社交平台，甚至是干脆创建视频自媒体，从而借助多种营销平台力量，最大化营销效果。

爱奇艺2016年发布的数据报告显示，爱奇艺APP日均覆盖、月度覆盖、月度时长等数据均为全网第一，其日活跃用户数更是率先突破1亿。在其用户分析中，19～40岁的用户占比约88.2%，男性用户占比约为 55.1%，本科以上学历占比超过 50%，高消费人群占比则接近 4 成。

12.5.3 推广技巧

当你定位好目标用户，找到了合适的平台，又该如何将营销视频推广给用户呢?

1. 自媒体

视频自媒体的大批涌现，尤其是直播平台的盛行，让你可以借助视频内容，打造出视频自媒体。成为视频自媒体的好处就在于，平时你可以为用户推送优质视频内容，等到有营销需求时，即使营销视频制作不尽如人意，也能够借助自身的影响力获得不错的传播，如果营销视频也能够保证优质的话，那么，其传播也将更加深远。

2. 猜你喜欢

为了增强用户的使用体验，很多视频平台本身就会对用户的观赏偏好进行分析，为其推送可能喜欢的视频内容。此时，你则可以借助该功能，挖掘视频平台的推送规则，让你的视频内容，能够在目标用户的“猜你喜欢”中排名靠前。

3. 综合推广

在移动营销时代，任何一种营销方式都不是孤立的，视频营销既可以独立运用，也可以与其他营销方式相结合。当你制作出一部优秀的营销视频时，就要充分发挥其营销价值，将之推送到你的微信公众号、微博或其他平台，或是放在官网、电视、户外等媒体中。

第 13 章

移动营销之 O2O 营销

13.1
O2O 营销的优势

13.1.1 O2O 模式的兴起

随着电子商务的快速发展，在 B2B、C2C、B2C 等商业模式的迅猛进程中，O2O 作为一种新型电子商务也逐渐兴起。虽然在线购物满足了消费者大量的消费需求，然而，仍然有很多消费需要在线下才能进行，如吃饭、电影、K 歌等。因此，线上消费、线下体验的 O2O 模式，也由此产生。

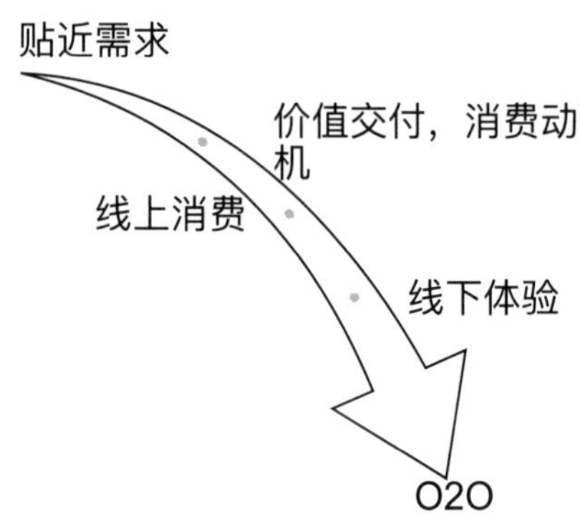

图 13-1 四大维度判断 O2O 模式的商业效率

在过去三年间，O2O 无疑是电子商务市场最热的名词。但近年来，“O2O 已死”的言论也一直不曾消散。然而，事实果真如此吗？2015 年，中国电子商务市场规模达到 16.2 万亿，仍然维持着 21.2% 的高增长，而在这其中，O2O 模式的电子商务规模增长仍然达到 38.4%，超过网络购物 37.2% 的增长率。

O2O 模式的形态十分多变，但究其本质而言，我们可以从四大维度评判 O2O 模式的商业效率：1. 是否基于线下体验与服务；2. 是否到店实现价值交付；3. 是否随机触发消费动机；4. 是否贴近用户刚性需求和常规需求。如图 13-1 所示。

从这四大维度就可以看出，O2O 模式的精髓就在于将线上流量引导至线下商家。因此，除非线下商家失去存在价值，或者说所有产品和服务都能实现“送货上门”，否则，“O2O 已死”就不可能成真。关键之在于 O2O 模式能否紧随市场进步而已。

在 O2O 模式的持续发展中，O2O 营销也随之兴盛。所谓 O2O 营销，就是通过优惠、预定、评论等形式，在线上推广线下商家的营销信息，从而吸收线下客户。

13.1.2 O2O 营销的特点

1. 对于用户而言

作为电子商务的新型模式，与其他电子商务一样，O2O 能够为用户带来更加便捷的在线咨询和预购。由于线下消费和营销降低了商家的成本，因此，用户也能够获得较线下消费更实惠的价格。除此以外，用户也能够轻易获取更加丰富全面的商家信息。

2. 对于商家而言

O2O 平台的相继而起，为平台商家带来了更多的宣传和展示机会，能够吸引更多的新客户到店消费。而基于 O2O 平台的电商模式，也让商家的各种营销效果更加直观，商家可以对每笔交易实现跟踪。与此同时，商家也可以掌握更多的用户数据，从而提升对老客户的维护效果，如图 13-2 所示。

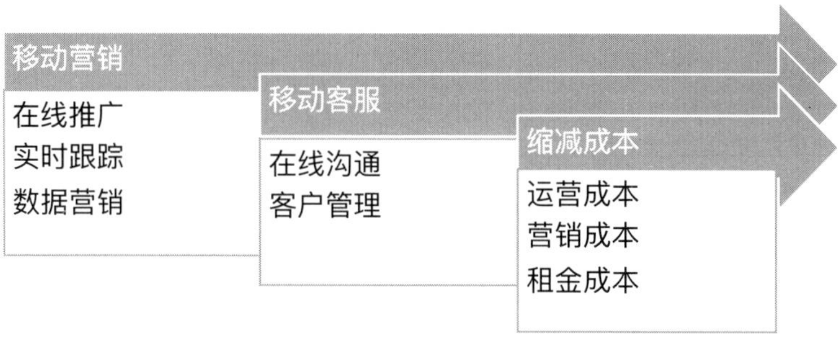

图 13-2 O2O 营销的价值

另外，在营销搬到线上的同时，商家的客服也能够进驻 O2O 平台，实现与客户的随时沟通、释疑，也能够更加贴近客户的心理需求。而线上服务的模式，也大大降低了商家的运营成本，如图 13-2 所示；线上指引消费的方式，也弱化了商家对于黄金地段“旺铺”的依赖。

3. 对于 O2O 平台而言

目前，O2O 模式大多集中于生活服务，因此，其与用户日常生活息息相关的特性，也为用户带来了更加便捷、优惠、安全的消费体验，能够产生极强的用户黏性。

另一方面，由于 O2O 平台强大的引流作用，其推广效果明显且可衡量，因此，O2O 平台能够吸引大量的线下商家入驻。

基于对用户和商家的双重吸引，O2O 平台拥有巨大的广告收入空间，形成规模之后，其盈利模式也更加多样。与此同时，生活服务的“刚需”，也为 O2O 平台带来了更加充足的现金流。

13.1.3 O2O 营销的基础

想要实现 O2O 营销的效果，你就需要匹配 O2O 营销的四大基础，才有可能寻求到 O2O 营销的商业价值。这四大基础就是：移动支付、LBS、生活服务信息以及社交平台。

正是这四大基础构成的 O2O 生态闭环，才能使用户轻松享受 O2O 服务。具体而言，基于生活服务信息和 LBS，用户可以轻松快捷地查找自己所需的服务信息，并导航至商家所在地；基于移动支付，用户则可以迅速完成支付流程；而社交平台则方便商家的进一步营销推广。

BAT 的互联网商业帝国布局几乎都是从这四大方面出发：1. 生活服务信息方面，百度注资糯米网和去哪儿网，阿里巴巴收购美团，腾讯投资大众点评；2.LBS 方面，百度自有百度地图，阿里巴巴收购高德地图，腾讯则发力腾讯地图；3. 移动支付方面，百度推出百度钱包，阿里巴巴拥有支付宝钱包，腾讯推广微信钱包；4. 社交平台方面，百度自有百度贴吧，阿里巴巴注资微博，腾讯自有微信和 QQ。

13.2
O2O 营销技巧

13.2.1 情感式营销

基于 O2O 模式的本地化特征，在 O2O 营销中，你也更容易运用情感式营销的手段。为用户推送各种本地化信息，从而与用户建立真挚的情感联系，以情感驱动用户的首次消费和再消费。

为此，你可以在平时向用户推送各种本地化信息，比较普适的信息是停水停电信息、本地应季事项等。根据用户的独特需求，也可以向其推送各种活动信息，比如向年轻人推送本地或附近城市的活动信息，向电影爱好者推送新片上映信息等。

13.2.2 互动式营销

O2O 模式的内涵就在于线上消费线下体验，其本身就存在线下互动的环节。因此，在 O2O 营销时，你更应该发挥线下接触的优势，推出更加有效的互动式营销。你可以定期举办各种聚会活动，如“周五狂欢夜”、周末郊游、饭后桌游等，让用户与你在线下进行互动，从而真正黏住用户。

对于 O2O 平台而言，定期举办活动，可以有效提升平台的用户黏性。对于平台商家而言，这一效果则更加明显，即使有一天，你不再入驻该 O2O 平台，用户也会因为与你的互动关系，继续前来消费。

13.2.3 体验式营销

在开发新用户时，你则可以借助 O2O 采取体验式营销的方式。当你根据用户的痛点，推出全新的产品或服务时，如何召唤自己的“内测用户”，帮助你对商品的市场反应进行调研呢？此时，体验式营销则具有不错的效果。

另外，“1 元特价”“新用户半价”等，也适用于新产品的推广和新用户的开发。

很多出行 O2O 平台都推出了上门试驾服务。根据出行 O2O 本身的平台用户需求，上门试驾能够很好地开发新用户，让用户体验活动车型的驾驶体验，从而实现用户开发的目的。

13.3 O2O 营销成功案例

13.3.1 去啊：一只猪引发的公关营销狂欢

O2O 模式的一大重要模块就是旅游，线上安排行程的方式，极大地便利了用户的旅游体验。因此，去哪儿、携程等旅游平台相继而起，而在 2014 年下半年，在旅游 O2O 行业，则发生了一只猪引发的公关营销狂欢。

2014 年 10 月 29 日，原淘宝旅行推出全新独立品牌“去啊”，并邀请著名卡通小猪形象“麦兜”作为品牌代言人。其品牌内涵就在于：“只要决定出发，最困难的部分就已结束。那么，就去啊！”在发布会现场，该内涵也被浓缩为一句“去哪儿不重要，重要的是…去啊”。

但正是这样一句简单的表述，却引发了中国旅游 O2O 平台的公关营销狂欢。

使用过旅游 O2O 服务的用户，应该都知道该行业内的一大巨头——去哪儿。无论从品牌还是读音上来看，“去啊”与“去哪儿”都有极大的相近之处。而在发布会现场介绍时，“去啊”总裁也确实将 PPT 上的宣传语说成了“去哪儿不重要，重要的是…去啊”。阿里去啊营销文案如图 13-3 所示。

图 13-3　阿里去啊营销文案

看到阿里巴巴如此“踩人上位”，去哪儿自然不会善罢甘休，立刻发出回应：“人生的行动不只是鲁莽地‘去啊’，沉着冷静地选择‘去哪儿’，才是一种成熟态度！”去哪儿营销文案如图 13-4 所示。

图 13-4　去哪儿营销文案

两者之间的直接冲突，迅速在社交平台上引发热议。看到“去啊”和“去哪儿”的强势公关，携程则想成为“螳螂捕蝉背后的黄雀”，发布公关海报：“旅行的意义不在于‘去哪儿’，也不应该只是一句敷衍的‘去啊’，旅行就是要与对的人，携手同行，共享一段精彩旅程。”携程借势营销文案如图13-5所示。

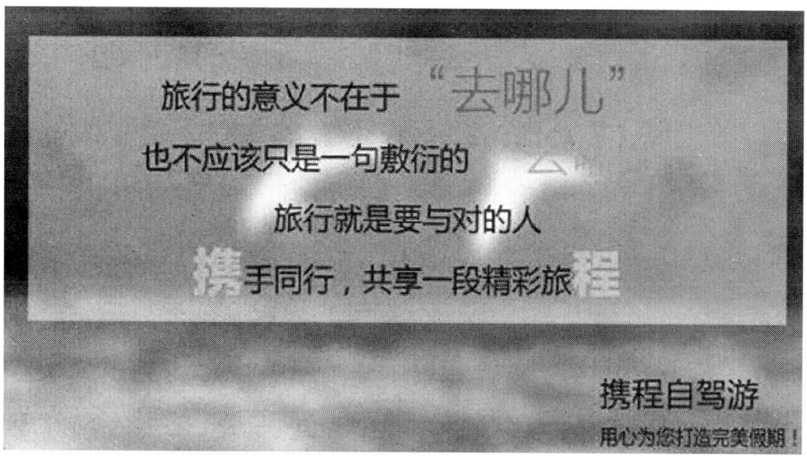

图13-5　携程借势营销文案

有阿里巴巴背后站台的“去啊”，与两大传统巨头的公关之战，迅速引发了旅游O2O行业的“世界大战”。一时间，途家、爱旅行、在路上、看准、游心、周末去哪玩、百程、我趣等旅游网站都加入了这场狂欢。

随着这场“战争”不可遏制地蔓延开来，“麦兜”引发的公关营销狂欢也就不再限于旅游O2O平台，租车、金融等互联网平台也纷纷加入，其呈现出的创意、文案、美工水准越发精彩，口味也越发多元。

行业内外的纷纷参与，为用户带来了一场公关营销大戏。而在这场狂欢中，几乎每一家企业都否认海报是其官方作品，只说是员工个人的即兴创作。从被动传播到人人传播，商家抓住了大众成为“围观党”的心理。另外，这场借力打力的群体营销狂欢事件，一方面证明了阿里巴巴的巨大体量，另一方面，也展现了中国旅游 O2O 行业的勃勃生机。

13.3.2 易到用车：身边的专车

出行同样是 O2O 服务的重要领域，快的与滴滴的“烧钱大战”烧热了国内的打车 APP 市场。但打车 APP 的发展初期，仍然是基于传统的出租车市场，因此，虽然打车 APP 一定程度上改善了用户的打车体验，但大规模补贴的“烧钱”终归是“赔本赚吆喝”，无法持久。

因此，随着出行 O2O 行业的进一步发展，“专车”则成为市场的主流发展方向，滴滴开始布局专车服务，与 Uber、神州专车等传统专车 APP 争夺市场。而在这其中，易到用车却凭借创新性的专车服务，不断提升用户的专车体验。到了 2016 年，易到用车的周活跃用户与 Uber 持平，周使用频次则超越 Uber，获得与 Uber 并列国内专车第二的地位。

易到用车的逆袭离不开其 O2O 营销的成功。为了发挥 O2O 营销的优势，2014 年 5 月，易到 Ycarlab 实验室首次亮相，以跨界营销的方法，相继推出空气净化、车用香氛、美甲专车、美妆专车等服务，为用户打造全新的出行体验，并进一步丰富专车服务的内涵，如图 13-6 所示。

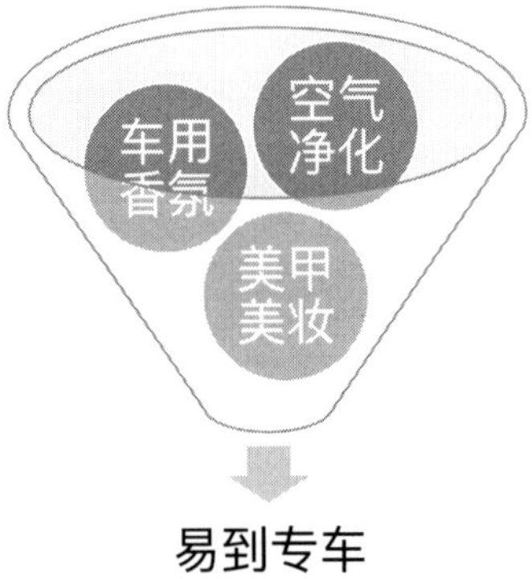

图 13-6　易到用车的用车体验

纵观易到用车的创新服务，我们能够将之总结为一点，那就是在 LBS 与 O2O 的进一步融合中，服务“最后一公里”，将各种场景化服务能够随需而至、随叫随到。其营销逻辑就在于，既然用户会打车去美甲店做美甲，或是去美妆店做彩妆，那么，为何不直接将这种服务送上门呢？待用户装扮完毕之后，他们则可以打车直接去往目的地。

这样的创新，也让易到用车不再局限于一个打车 APP，而真正成为用户身边的“专车”。区别于滴滴、Uber 的专车服务，易到用车的“专车”内涵在不断丰富中，实际上成为了用户的“私人专车”，既能够方便用户的出行，也能够将用户需要的服务“送货上门”。

13.3.3 58 到家：服务应有尽有

O2O 平台运营的一大难点就在于平台盈利，在 O2O 平台发展初期，因为 O2O 平台能够为商家带来更多的客户，因此，O2O 平台大多会要求商家向平台缴纳一定的“中介费”。从本质上来说，这其实与传统的中介服务并无区别，只是这个基于互联网的“中介平台”，拥有更加丰富的信息，而且能够为用户带来优惠的商品。

但对于商家而言，在提供优惠商品的同时，又要缴纳不菲的“中介费”，使得商家的利润空间不断被压缩。因此，很多人在使用 O2O 服务时可能都会有这样的体验：致电商家确认团购信息时，商家在确认有该优惠的同时，会告诉用户，你可以直接来店里消费，或付现、或刷卡、或转账，即可享受 O2O 平台上的优惠商品。

在传统中介市场，平台都会竭尽全力避免服务者和用户的直接接触，以免他们跨平台交易，但信息公开的 O2O 平台无法做到这一点。因此，经过初期的摸索发展，如今的 O2O 平台也开始在“中介费”上有所收敛。

因此，58 同城推出了独立品牌 58 到家，为用户提供上门家政服务时，其盈利模式也发生了改变。

在58到家平台上，服务者无需向平台缴纳费用，即可入驻平台，并向用户提供基础服务。只有在服务者接受平台培训，或想要发布高端服务项目时，平台才会收取一定的费用，以确保服务者的服务技术和用户的服务体验，如图13-7所示。

图13-7　58到家的服务特色

在这种以用户利益为先的盈利模式中，58到家也并不局限于互联网企业盛行的轻资产模式，而是在线下组建实体公司，从而进一步保证上门家政服务的质量。因此，虽然58到家2014年底才推出服务，但至今为止，其提供的家政服务已经涵盖家庭清洁、母婴护理、家居养护、维修换新、美容、按摩、速运、洗车等主流家政服务。

第 14 章

移动营销之移动支付营销

14.1
支付宝营销

14.1.1 支付宝商家入驻与折扣

当团购平台纷纷推出“优惠买单”功能时，可能你也会疑惑：“既然我使用团购优惠买单，只是打开该商家信息，点击‘优惠买单’使用支付宝钱包付款，为何我不能直接在打开支付宝钱包享受优惠呢？”

当团购网站的优惠活动纷纷转型“优惠买单”，而支付宝钱包又已经成为装机必备 APP，伴随着移动支付的进一步普及，支付宝钱包也推出了商家入驻功能，让用户在使用支付宝支付时直接享受折扣价格。

你可以直接注册口碑商家，从而进驻支付宝营销平台。支付宝商家的注册流程十分简单，如图 14-1 所示。

第一步：下载安装口碑商家客户端，使用支付宝账户或淘宝账户登录；

第二步：点击搜索门店，搜索到自己的店铺，点击开店；

第三步：填写联系电话、门店地址、经营品类等门店信息，点击下一步；

第四步：上传门头照片、内景照片，点击下一步；

第五步：人脸识别，个人支付宝账户签约的账户需要打开手机摄像头，完成面部扫描；

第六步：填写折扣信息，点击提交；

第七步：进入开店进度页面，可查看开店进度；

第八步：开店完成之后，即可使用 APP 扫码收款。

图 14-1　支付宝商家入驻流程

需要注意的是，根据支付宝商家入驻规则，在你成功提交开店审核申请之后，必须在 6 个工作日内完成至少一笔支付宝有效交易，该笔交易的实际付款金额必须大于 2 元。

根据平台规则，所谓有效交易，是指店铺通过当面支付完成交易，且交易资金来源为余额、余额宝、网银、快捷支付、花呗等，不包含集分宝、积分、红包、折扣券等营销工具，也不包含作弊交易、退款交易。

另外，支付宝的口碑工作人员会随时到店验证店铺的真实性。

14.1.2 咻一咻

2016年春晚期间，为了“集福”和现金红包，支付宝“咻一咻”的声音传遍全国各地。而在这场营销大戏结束之后，这个支付宝首页置顶的功能，也并未闲置。

在日常生活中，用户点击“咻一咻”，即可发现位置附近两公里内的签约商家，从而获取商家折扣；也可以与“咻一咻”附近的用户进行互动。当然，对于移动支付营销而言，“咻一咻”的意义就在于，将你的折扣信息展现在用户的眼前。

图14-2 支付宝的“咻一咻”功能

签约支付宝“咻一咻”很简单。

其一，PC端。登录支付宝账户，依次进入产品大纲——条码、扫码、声波——我要签约，并填写相关信息，即可完成签约。

其二，移动端。打开支付宝钱包，在服务窗中搜索关注“支付宝未来商业”，在服务对话框中，点击“我要签约”，并填写相关信息，即可完成签约。

14.1.3 生活圈

自支付宝更新至9.0版本之后，就在用户市场中引发了一场“地震”。“朋友”窗口以及通讯录功能的增加，无疑标明支付宝开始试图为自己增加社交属性。而在9.2版本更新之后，“生活圈”功能的增加，更是让支付宝的社交之心暴露无遗。

正如社交 APP 微信增加微信支付功能一样，支付类 APP 支付宝也要为自己增加社交功能，与微信一较高下。当然，从市场反映来看，微信在社交主要属性不变的前提下，其支付功能已经赢得一定的市场份额，但支付宝想要进入社交领域，却步履维艰。

正如很多用户所说："支付宝做社交，就好像在ATM机旁边聊天一样，感觉很怪。"

事实上，虽然很多人将生活圈类比为朋友圈。但从定位而言，支付宝并未将生活圈看作社交圈子，支付宝的目的其实在于场景金融，并将支付宝本身打造为移动支付的重要入口，而不仅仅是一个工具。

生活圈中最重要的两个功能就是现场和打赏，对于商家而言，你可以发布现场视频，让附近的用户看到诱人的现场画面，也可以获得用户或好友的打赏，最重要的是吸引用户前来消费。支付宝生活圈打赏如图 14-3 所示。

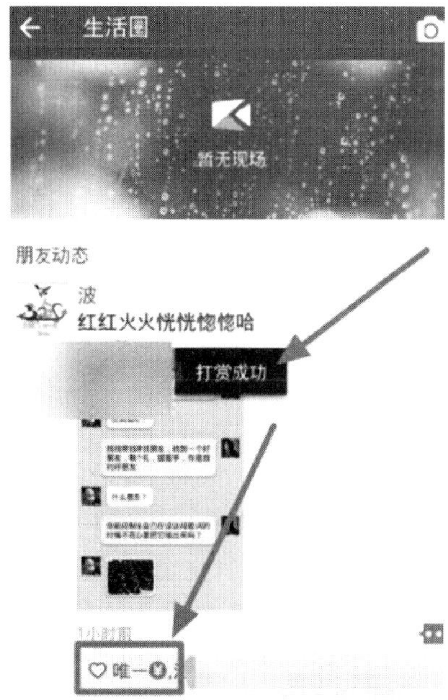

图 14-3　支付宝生活圈打赏

14.1.4　服务窗

与微信公众号类似，支付宝也推出了服务窗功能。从服务功能上来看，两者并无明显区别。但由于两个 APP 本身的基因不同，具备支付基因的支付宝服务窗，在交易转化率、支付窗口体系等方面，支付宝服务窗无疑具有明显优势，尤其是在支付宝服务窗中，你可以将之与淘宝、天猫店铺无缝对接。

想要开通服务窗功能，你只需要登录支付宝服务窗平台，填写服务窗信息并配置服务窗即可。另外，如果你本身就是淘宝卖家，则可以登录该账户，实现一键开通服务窗。

14.2
百度钱包营销

14.2.1 百度地图商家

作为国内最顶尖的地图类 APP，百度地图一直以超过 7 成的市场份额稳居第一。因此，对于移动营销而言，让你的店铺出现在百度地图上同样十分重要。如此一来，当用户使用百度地图搜索某类店铺时，你的店铺信息就可以出现。另外，当用户想要用百度地图导航至你的店铺时，也可以顺利获取路线。

如何成为百度地图商家呢？在百度地图中标注商家位置步骤如下，如图 14-4 所示。

第一步：打开百度地图并登录百度账号，在百度地图的左下角，即有 “商户免费标注” 功能；

第二步：如果你的商户已经被标注，但并非你标注的，你也可以选择商户并点击“我要认领”；如果你的商户尚未被标注，则可以点击右侧的“免费添加标注”；

第三步：点击之后，填写或完善你的商户信息，并按要求上传营业执照，如果有的话，也可以上传资质照片，点击提交；

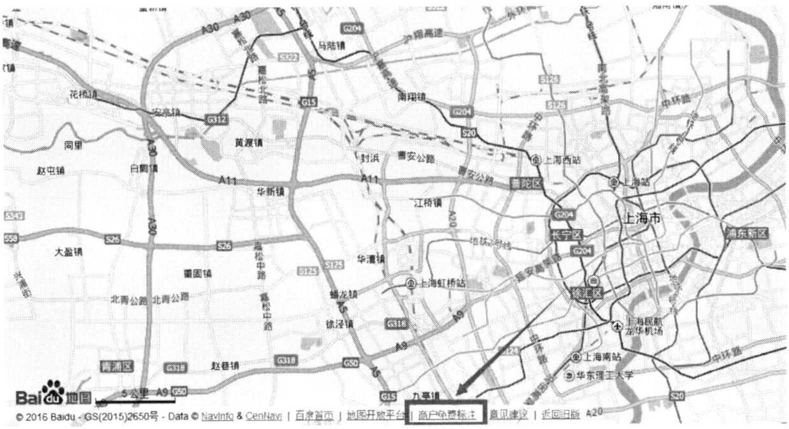

图 14-4　在百度地图中标注商家位置

第四步：在“我的商户”中，你可以看到标注申请的审核状态，等待系统审核；

第五步：审核通过之后，你则可以在商户中心的“营销管理”中，添加公告、图文、优惠券等信息。

14.2.2　百度返现

作为百度应对移动支付市场的重要产品，百度钱包自 2014 年初发布以来，却一直未能实现较大的发展，直到 2015 年第三季度，其市场份额也仅为 2.3% 而已。因此，为了进一步推广百度钱包，自 2015 年 11 月 18 日起，百度钱包推出常年返现计划。

根据规则，用户在合作商家使用百度钱包消费时，即可享受“单单立返现金 1% 起，最高免单”的优惠，而且该返现计划无限期，消费者获得的返利现金可实现长期累积。在百度投入大量资金吸引用户时，你可以“借塘打渔”，与百度返现进行合作。

登录百度钱包商家中心，点击右上角的“1% 返现”，点击“立即加入”，在填写企业信息、上传企业资质、选择激活产品、设置提现银行卡、填写发票信息之后，你即可参与百度返现活动。任何在你的店铺使用百度钱包支付的用户，都可以享受百度的返现优惠。与百度钱包合作营销步骤如图 14-5 所示。

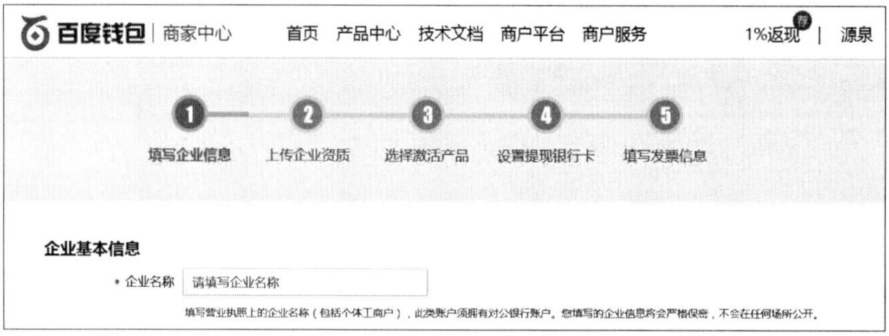

图 14-5　与百度钱包合作营销

14.2.3　百度糯米

百度糯米是百度旗下的团购平台，从功能上来看，百度糯米与美团、大众点评等并无太大区别。值得一提的是，百度糯米支持百度钱包返现活动，这就意味着，如果你入驻百度糯米，你就自动能够借力百度返现活动。

一直以来，百度糯米在团购行业都名声不显。但在 2015 年底至今，与美团、大众点评合并却市场份额下降相比，百度糯米的市场份额却实现了 67% 的增幅。这一方面得益于百度钱包的发力，另一方面则是因为百度糯米在电影领域的大力投入。

无论如何，百度糯米的逆势增长，让移动营销拥有了更多的选择。

更为重要的是，为了进一步布局百度电商和支付业务，2016年4月26日，百度搜索公司总裁向海龙正式对外宣布：即日起，百度糯米针对绝大多数行业将永久免收佣金。

与之相对的，美团与大众点评合并之后的新美大集团，却采取了相反的策略。据悉，新美大的商家不仅需要缴纳2000～50000元不等的上架费，其对于一些行业的团购抽成更是由合并前的1%～6%提升到10%～15%。

两相对比，对于团购商家而言，百度糯米无疑成为更优的选择。虽然其市场份额暂时较低，但在可预见的未来，百度糯米的逆袭并非难事。

14.2.4 百度优惠券

基于百度日趋完善的电商布局，为了提高用户的使用体验，百度钱包推出了优惠券功能。与常见的优惠券不同，百度钱包用户可以获得两种形式的优惠券。

第一，百宝卡。百宝卡是用户获取的包含有一定金额的优惠卡，根据百宝卡的使用条件不同，用户可以单次或多次使用。百宝卡到期即作废。

第二，优惠券。优惠券是用户获取的可优惠一定金额的优惠券，优惠卡仅可使用一次，最高优惠金额不超过卡面优惠金额。优惠券到期即作废。

也就是说，用户在获得百宝卡和优惠券之后，大多数时候，只要是使用百度钱包支付即可使用，限制条件极少，对于用户有更大的诱惑。因此，你也可以与百度钱包合作，发布自家的优惠券发布活动，或是发布通用的百宝卡和优惠券活动。

14.2.5 百度小金库

区别于支付宝钱包和微信支付，百度钱包的一个特色功能就是“透明金库”，该功能可以看作是“AA 收款“的一个变种。打开“透明金库”，你就可以开启小金库，根据需要选择 AA 收款、拼单购物、社团班费等功能，并生成链接，让用户缴费，而缴费之后，所有用户都可以查看小金库的收支明细。百度小金库营销如图 14-6 所示。

图 14-6　百度小金库营销

对于个人用户而言，该功能的主要适用场景就是：学生族缴纳班费、社团费；上班族收集聚餐费等活动经费；公益慈善。

对于营销人士而言，你则可以利用该功能进行众筹式营销。举例而言，你可以发布活动，每人缴纳 1 元，筹集到 100 元之后，所有参与者都可获得半价优惠，或是举办线下聚会活动等。

14.3 银行 APP 营销

14.3.1　掌上生活

招商银行信用卡一直有着极好的声誉，对于招商银行信用卡用户而言，招商银行掌上生活是十分实用的一款 APP，其用户数也已经突破 2000 万。这款具备生活缴费、充值、购物优惠等多种功能的 APP，最关键的功能就在于购物优惠，借助该功能，用户可以享受招行信用卡用户的独家优惠折扣，也可以使用积分兑换商品。

需要注意的是，如果你想要入驻招行掌上生活，目前仍无法在线自助入驻，你需要进入招行官网，查找所在城市的客户经理，办理加盟手续。但在申请加盟之前，你需要了解招行掌上生活的基本加盟要求，如图 14-7 所示。

1. 对于产品及品牌的基本要求：
(1) 有良好的品牌声誉，在行业内有一定知名度；
(2) 产品质量优良，生产商有严格的产品质量控制体系；
(3) 生产厂家有完善的售后服务系统，能为最终用户提供及时、优良的售后服务；
(4) 产品需满足国家各种强制认证、规定及要求（包括但不限于3C认证、产品标识等）。
2. 对于供应商的基本要求：
(1) 提供有竞争力的价格及政策，能够保证稳定的货源；
(2) 代理商需能提供所代理产品的有效品牌授权文件，厂家需能提供所生产产品的商标注册文件；
(3) 能提供有效的公司证件（营业执照、税务登记证、组织机构代码证）；
(4) 具备一般纳税人资格，对于所有供应的产品，均能提供发票，且发票内容与实际采购货物一致；
(5) 提供价格保护，滞销产品退货以及良好的售后服务支持。

图 14-7　招商银行掌上生活合作营销

14.3.2　买单吧

与招商银行类似，交通银行在提升信用卡用户使用体验的过程中，也推出了买单吧 APP，为用户提供移动支付功能。其中同样融入了交行的优惠商户信息，为信用卡用户提供优惠折扣和积分抵现、换购等服务。

然而，与招行掌上生活不同的是，为了提高买单吧 APP 的市场效用。如今，交行买单吧并不仅仅为交行信用卡用户提供服务，其支持的银行卡种类超过180种，以往只有交行信用卡用户才能享受的商户特惠，如今也已经面向所有注册用户开放。

另外，交行买单吧APP还与全国5000多个商家合作，推出免费WiFi功能，为用户提供真正安全的免费WiFi服务。

在交行的移动支付布局中，买单吧APP无疑被塑造为独立的移动支付工具。而信用卡用户专享的特惠，以及安全的免费WiFi，让其发展空间也更为广阔。然而，如果你想要入驻交行买单吧，同样需要联系各地客户经理，才能办理商户加盟。

第 15 章

移动营销之社交电商营销

15.1 手机淘宝

在国内电子商务的迅猛发展中，淘宝无疑是最重要的平台，如今，淘宝的卖家数量已经超越 150 万家。伴随着淘宝 2013 年开始大力布局移动端，手机淘宝也带着众多商家一起进入移动营销时代。

在这个“无处不社交”的时代，即使是电商，也需要与社交融合在一起，才能实现迅速推广。虽然阿里巴巴早于 2013 年就已经战略投资微博，但为了保证微博的使用体验，阿里巴巴想要在微博上做社交电商，仍然十分困难。而除了微博之外，微信也不可能支持淘宝的链接。

因此，2015 年 6 月，手机淘宝“社区”功能横空出世。

手机淘宝“社区”可以看作是电商界的微博，用户可以将自己的购物体验分享在其中，与大家进行探讨。对于移动营销而言，尤其是对于淘宝卖家而言，这样的社交形式无疑具有更高的转化率。手机淘宝的社区营销如图 15-1 所示。

图 15-1　手机淘宝的社区营销

如今，手机淘宝“社区”拥有多个分组，如淘宝神店铺、奇葩买家秀、值得买、达人帮你搭、美妆实验室、吧啦吧啦、妈咪宝贝、数码少刻、吃货小分队、闲置二手……你可以根据营销需求和小组属性，在合适的小组内发布营销信息。

首先，图片信息。与淘宝平台类似，想要在手机淘宝“社区”里做出营销效果，你就要把握用户“无图无真相”的心理。尽量发布更多的图片信息，并弱化“修图”的痕迹，让营销图片显得更加真实。事实上，即使凭借出色的摄影和模特，你也能拍出足够诱人的照片。

其次，奇葩买家秀。如果你的用户厌倦了千篇一律的美拍买家秀，你也可以发布“奇葩买家秀”的照片，凭借更加出彩的创意照片，引起用户的关注。而且，在各大社交平台上，“奇葩买家秀”也拥有很好的传播效果。当然，在奇葩的同时，不要损害你的品牌形象。

最后，购优惠。在手机淘宝“社区”中，还有“购优惠”分组。打开该分组，用户就可以查看各种优惠信息。因此，你也可以通过入驻“购优惠”，发布各种优惠信息，引导流量。

15.2 京东众筹

自 2014 年起，互联网金融的兴盛，甚至撬动了银行的“大蛋糕”。在众多互联网企业纷纷布局互联网金融时，电商界的“二把手”京东自然也不会落后。

从一开始，为了与阿里巴巴相抗衡，京东就拒绝接入支付宝，趁着互联网金融的东风，京东也顺势推出京东钱包，在推出支付服务的同时，也推出了各种互联网金融产品。其中包括小金库（余额宝）、白条（花呗）等产品，而最为突出的则是京东众筹。

在互联网金融时代，众筹这一古老的金融模式也得以焕发新生。从本质上看，众筹就是“份子钱”的互联网版，项目发起者发布众筹项目，吸引投资者的力量实现目标，而在项目完成之后，发起者也会按照约定给予投资者一定的回馈。

在众筹概念的火热中，营销也不会放过这一热点。基于 3C 数码起家带来的科技基因，京东众筹则在国内迅速发展起来，为社交电商营销提供了平台，如图 15-2 所示。

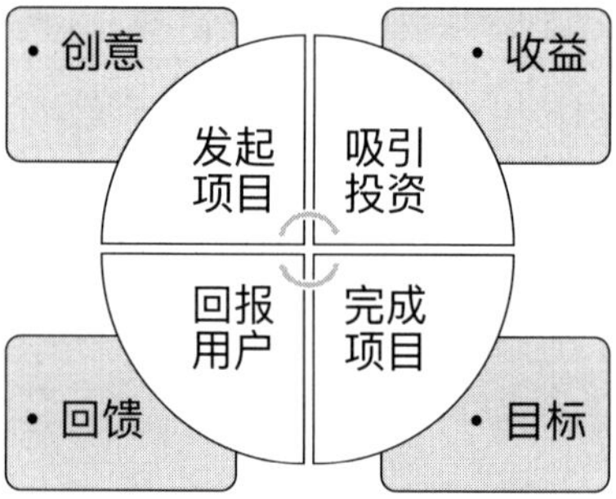

图 15-2　京东众筹构成要素

想要依靠众筹实现营销目的，关键就在于概念和收益。众筹的项目必然具有一个足够诱人的概念，比如智能家居等，你需要融入一定的概念属性，以增强项目的吸引力。另外，作为一种金融产品，投资者的参与是因为收益的可观，你可以将投资抽奖、折扣特权、优先购买等服务作为回报，吸引投资者的参与。

另外，为了保证众筹项目的成功，并增强营销效果。你要明白，如果你只是利用京东众筹做营销，那么，你就要降低投资门槛以及融资目标，让更多的用户能够参与进来。与此同时，众筹的时间也不建议过长，最好是控制在 2 周左右，最长不能超过 1 个月。

15.3 微店

15.3.1 微信微店

为了塑造微信的电商属性，微信推出了“微信小店”功能。任何微信公众号账号，都可以在微信公众平台的“服务”的“服务中心”中，开通“微信小店”。开通服务之后，你只需添加商品和货架信息，即可生成微店链接。

你可以将微店链接插入到公众号的菜单栏，也可以将之放在微信文章，或发布到朋友圈中，引导用户直接在微信中购买商品。

需要注意的是，为了提升微店的商品展示效果，你上传的图片最好小于1M，以免耗费用户太多的流量，影响图片打开速度。

15.3.2 有赞微商城

在各大电商平台把控电商入口的同时，也有很多人试图突破电商平台的限制，有赞微商城就是其中的先行者。早在 2012 年，有赞就以口袋通为商家提供微商城和移动电商的解决方案，到 2014 年，口袋通正式更名为有赞之后，其社交电商的效果也更加突出。

你只需登录有赞商家版，即可按照流程完成有赞微商城的注册工作。那么，有赞微商城的营销价值在哪里呢？

当你想要进军移动社交电商市场时，似乎仍然需要受到电商平台的限制，似乎只有入驻这些电商平台，才能获得流量，而入驻电商平台，也极大地提升了你的营销成本。与此同时，大量的平台商家，也使得竞争极为激烈，如图 15-3 所示。

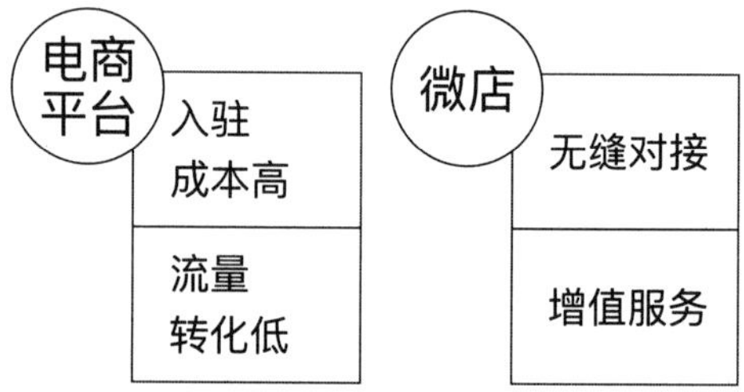

图 15-3　电商平台与微店的对比

然而，开通有赞微商城之后，你则可以获得生成一个微店链接。基于有赞微商城与微博、微信等社交平台无缝对接的特性，如图 15-3 所示，将你的店铺或商品链接发布在社交平台上，只需用户点击一下，即可跳转到你的有赞微店，并进行消费。

值得一提的是，开通有赞微商城是完全免费的。但想要获得更好的增值服务，你则需要登录有赞拍档平台，获得店铺装修、店铺代运营、培训、营销插件等增值服务。

15.3.3　其他微店

移动社交电商的火热，让很多人开始认可微店这种更加轻量级的电商模式，只需一个 APP，商家即可完成开店手续。更为关键的是，在阿里巴巴、京东、微信等平台相互竞争、屏蔽链接时，微店链接却可以与几乎所有平台实现无缝对接，这也极大地提升了商家的营销效率，降低了营销成本，你无需再同时经营淘宝、京东、微信小店等多个店铺。

微店模式的创新，让微店市场迅速火热。一时间，有赞、微店、点点客、搜狐快站等微店 APP 相继而起，其提供的服务几乎大同小异，你可以根据平台资质和使用效果进行选择。但要注意的是，在微店盛行的市场环境下，在“鱼龙混杂”中，你最好选择免费体验的微店品牌，以免上当受骗。

有一个叫做“微盟”的微店 APP，当你与其洽谈合作时，客服首先会告诉你“总部不接小单，你需要和代理商合作。”找到其分配的代理商之后，代理商会一口答应你的所有需求，而关键就在于你要加盟合作的话，有不同合作等级：“普通版 5800 元，加强版 12800 元，超级版 38800 元……”

第 16 章

其他移动营销及案例

16.1
钉钉营销

移动社交的迅猛发展，让越来越多的人开始进军移动社交市场，为了实现差异化发展，既有陌生人社交 APP 陌陌，也有网络通话 APP 易信，还有兴趣社交、同城社交、婚恋社交……在汹涌的社交浪潮中，阿里巴巴则别开生面地推出了办公社交 APP——钉钉。

作为一款办公社交 APP，钉钉满足了企业日常办公的大部分需求。从功能上来看，钉钉与微信企业号颇为相似，但在企业级的社交市场，钉钉的功能无疑更加完善。

第一，IM。钉钉的聊天功能主要分为三块，而每一块都有其特点。

其一，私聊。在私聊中，钉钉会显示你已发消息的阅读状态，“已读”“未读”的标记，能够极大地提高沟通效率。

其二，群聊。钉钉的群聊需要关联企业通讯录，而且，群成本必须采取实名制，一个个实名认证的群友，也能保证群内沟通的信息安全。

其三，澡堂模式。澡堂模式是钉钉的一个特色功能，该功能类似于私密聊天。在聊天过程中，用户头像会打码、手机截图会失效，而且消息无法复制和转发，并采取了“阅后即焚”措施，保证了某些私密聊天的使用需求，真正实现你的聊天只有“天知地知，你知我知”。

第二，DING。钉钉的商务电话功能十分实用，在该窗口，钉钉能够一键发起商务电话，而且支持最多 16 人。其提供的电话会议功能也更加完善，在使用过程中，你可以灵活增减人员、全员静音、会议纪要。钉钉中的 DING 功能如图 16-1 所示。

与此同时，钉钉采用的增益降噪技术和运营商专线电话，确保通话的高清稳定。另外，钉钉赠送的电话会议时长也几乎为业界最高，认证企业每月最高可获赠 20 万分钟。

第三，工作。在工作界面，你可以使用审批、签到、公告、日志、管理日历等功能。

第四，钉邮。与 IM 一样，钉邮同样能够显示已发邮件的阅读状态。而置身于 IM 中的钉邮窗口，也能够进一步保证邮件及时被阅读。另外，你还可以使用邮件 DING，提醒未读邮件的用户尽快阅读。

图 16-1　钉钉中的 DING 功能

第五，钉盘。钉盘就是一个企业级的云盘，方便企业用户的“云办公”。

第六，开放平台。作为一个开放平台，钉钉开放了极多的接口权限，能够满足你的个性化办公需求。

而在企业级市场，企业的社交需求并不仅仅局限于企业内部，钉钉也在不断拓宽使用范围。如今，你不仅可以在钉钉中使用公告、审批等内部功能，也可以邀请供应商和客户入驻钉钉，以更加专业性的企业级交互，赢得生意伙伴的认同。

16.2 社群营销

社群是近几年来很火的一个概念，简单来说，社群就是社会群体，或者说是一个圈子。在社会交往中，基于各种社会属性，都会产生社群，比如同一个团队的同事群、同一个学校的校友群，或是同一个地域的老乡群，或是同一个爱好的兴趣群……而这样的社群的存在，也成为社交营销的重要突破口。

通过创建相应主题的社群，借助社群“滚雪球”的传播效应，你的营销信息就能够实现快速推广。目前来说，对于社群影响而言，百度贴吧、知乎、微群等都是很好的选择，关键是如何去做。我们可以向知乎“取经”。

16.2.1 以领袖突破零用户

在一个社群的创建初期，必须要有一个领袖级的人物，这就像是班级群里的班长、同事群里的主管。正是因为有他们的存在，同一个圈子的人才会聚集在一起。

知乎的发展同样如此，凭借与李开复及其创新工场的良好关系，周源在知乎成立初期，就邀请来了 200 多个行业精英的参与，这些行业精英也不乏一些大佬级的人物。正是因为他们这群领袖级人物的存在，知乎才能够成为一个高质量的知识社群。

很多用户在使用知乎时甚至发现，当他们询问“李开复为何离开谷歌”时，回答者竟然是李开复本人，如图 16-2 所示；当有人询问：“听说马化腾经常会直接回复普通员工的邮件，其中令你印象最深刻的是哪一封？”也会有许多腾讯员工“现身说法”。

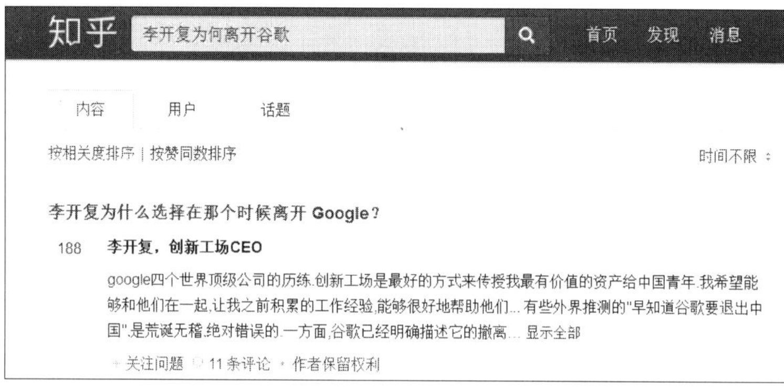

图 16-2　以领袖突破零用户

在知乎创立的两年间，它都一直维持着一种“小而美”的状态，各行各业的领袖级人物，尽心地为其他精英人士答疑解惑。

16.2.2　以去中心化开放分享

社群营销的并不是某个小圈子内部的游戏，一个领袖级人物的粉丝再多，真正高质量的也不过 10 万，即使多几个领袖，也不过多几十万的用户而已。为了让营销信息传播得更加广泛，你就要让社群突破领袖级的影响范围。

此时，你就应该以去中心化的方式，在开放分享中，将更多的用户纳入到社群中，从而大幅提升社群价值，如图 16-3 所示。

2013 年 3 月，知乎正式开放注册。也正是在那时，人们开始发现，原本的领袖开始淡出知乎。但与之相对的，在短短的 9 个月内，知乎用户就从封闭期的 40 万，增长十倍达到 400 万。

但在社群的开放运营中，你必须避免大批涌入的用户，损害社群的社交体验。知乎就以点赞、置顶、邀请等多种方法，维护知识社群的专业性，最终形成了知乎特有的社群氛围：他们尊重知识，并乐于分享。他们在这个平台上寻求问题的答案，也为他人答疑解惑，遇到高质量的问答，他们同样会主动分享。

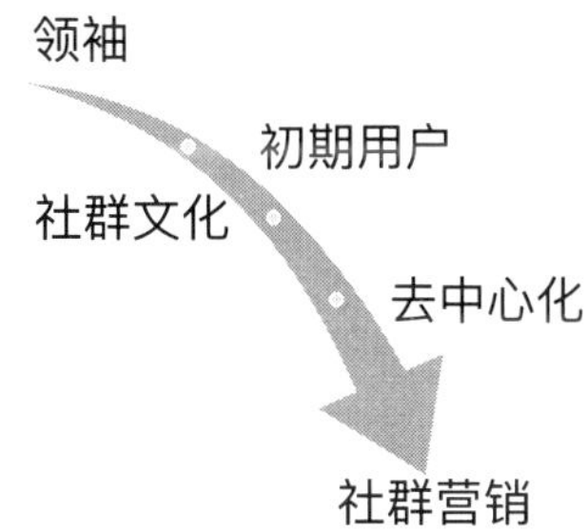

图 16-3　社群营销的去中心化开放共享

这就是去中心化的力量，通过氛围的营和维护造，让用户在某种集体意识中，主动创造与分享。此时，社群营销也水到渠成。

16.3 游戏营销

移动营销成功离不开互动，而最具互动性的移动应用工具，无疑就是游戏。正是凭借高互动性，游戏才能赢得大批玩家的喜爱。在移动营销中，你也可以采取游戏营销的方式，借助游戏或游戏化，与用户进行互动。

对于游戏的认知，很多人仍然停留在“过家家”“打怪升级”“小孩子的玩意”……然而，事实上，游戏并不只是孩童的玩闹，也不只是电子游戏，如运动、桌游都属于游戏的一种。从定义上来看，游戏是用户主动参与互动的模拟活动，用户的主要目的就是直接获得心理的愉悦。

与用户互动，让用户愉悦——这就是移动营销的目的所在。而在游戏营销中，你也可以采取两种不同的思路。

1. 将营销植入游戏

2015 年，中国手游市场规模达到 412.5 亿元，同比增长 40.5%。据预计，中国手游市场在近几年都将保持 25% 以上的增长率。借助手游发展的东风，你就可以将营销植入到游戏中去，让玩家在游戏中获悉你的营销信息。

如何将营销植入游戏呢?

最直接的方法就是硬广，在手游打开界面、加载界面以及界面“空白处”，贴上你的广告图片，或动图，或视频。

除此之外，你也可以与手机游戏商合作，获得赞助命名权。如此一来，你就可以使用你的品牌，对游戏内的关键道具或功能进行命名，或是贴上你的 Logo。在不影响用户游戏体验的同时，展示你的游戏信息。

2. 将游戏植入营销

将游戏植入营销，就是一种游戏化的营销方式。策划一个简单的游戏，让用户在游戏中深度体验你的产品或服务，并给予用户愉悦的感受。

当你的产品或服务与愉悦挂钩之后，用户自然愿意消费和传播。